콩, 콩, 콩사탕 수학스쿨

피타고라스와 함께 떠나는
수학원리 대탐험

콩, 콩, 콩사탕 수학스쿨

•• 박소영 글·그림

살림어린이

추천사

콩콩 콩사마? 왜 피타고라스의 별명이 콩일까? 이 질문에 대한 해답은 책을 읽는 가운데 해결되었고 그 이유를 알게 된 순간 나도 모르게 슬며시 웃음이 나왔습니다. 이렇듯 우리가 잘 알지 못했던 사소한 사실들을 통해 수학에 대해 좀더 관심과 흥미를 갖게 해주는 재미있는 책입니다. 한마디로 수와 도형에 관한 수학의 역사와 원리를 아이들 눈높이에 맞게 만화를 통해 풀이한 책이라고 할 수 있습니다.

이 책은 피타고라스라는 한 인물의 일대기를 통해 우리가 잘 알지 못했던 기원전 지중해 주변국의 수학에 관한 역사를 알 수 있게 해줄 뿐만 아니라, 아이들이 어려워하는 도형문제의 기본시작인 삼각형을 바탕으로 하여 여러 가지 도형문제까지 쉽고 재미있게 해결할 수 있도록 도와주는 유익한 책입니다. 만화를 보듯 이야기책을 읽듯 술술 읽어나가면서 그 속에 구석구석 숨겨져 있는 재미있는 에피소드들은 아이들이 수학에 더 흥미를 갖고 빠져들도록 해줍니다. 수와 도형에 자신감이 없는 아이들, 그것을 좀더 깊이 알고 싶

어 하는 우수학생 모두에게 큰 도움이 되리라 기대됩니다.

- 서울 신미림초등학교 교사 서연임

우리는 우리도 모르는 사이 수학 속에서 살고 있습니다.

거리, 무게, 높이, 깊이, 넓이 등 수학이 없다면 일상생활과 경제활동이 불가능할 것입니다. 그렇게 우리와 가장 가까운 곳에 있지만 어렵게만 느껴졌던 수학을 우리나라는 물론 세계 최초로 박소영 선생님께서 만화로 꾸며 주셨습니다.

이 책을 읽어가는 동안 우리는 즐겁고 자연스럽게 수학의 세계로 빠져들게 될 것입니다. 어린이 독자뿐 아니라 청소년, 그리고 부모님께도 일독을 적극 추천합니다.

- 부천주부만화예술대학 학장 만화가 김동화

　난 수학에 대해 불만이 많은 사람이다.
　어렸을 때부터 수학을 잘못했기 때문인지 모르지만 수학에 재미를 붙이지 못했는데 처음엔 이것이 나의 죄인 걸로만 생각했다.

　그런데 지나면서 생각하니 내 죄만은 아니었다. 칭찬보다는 벌로 교육시킨 방법도 문제가 있다는 생각이 들었다. 또 수학을 잘못하는 것이 죄인가 하는 생각도 들었다.

　수학을 못해도 나는 이렇게 행복한데, 왜 이 교육제도는 수학 앞에 전 국민을 죄인으로 만들며 불행감을 느끼게 만드는가?

　그러나 수학은 소중한 학문이다. 사물에 대한 원리를 생각하는 일은 분명 즐거운 일일 것이다. 이 학문을 사랑하게 할 수는 없을까? 나는 그래서 전부터 항상 수학 선생님들에게 바란 것이 있었다. 수학을 재미나게 가르쳐 달라고. 그렇다면 나도 잘은 못해도

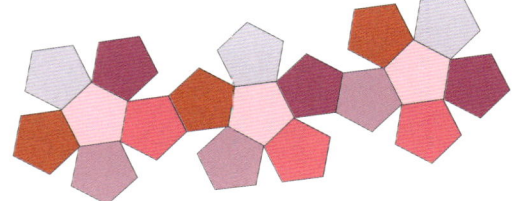

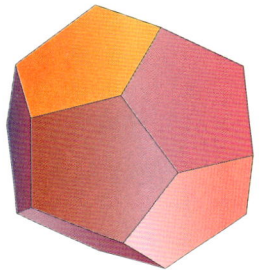

그 즐거운 맛을 조금이나마 느낄 수 있었을 것이 아닌가! 그런 중에, 마치 그 소망에 답이라도 한듯 박소영 선생님이 만화로 수학을 재미나게 풀어 보여 주셨다.

나는 흥미진진하게 끌려 들어가 단숨에 읽어 버렸다. 그리고 수학뿐 아니라 역사와 문화 등 곁들여 많은 것들을 알게 되었다. 그리고 책을 덮으면서 "아! 이 나이에 수학을 이제야 진정하게 시작 하는구나." 하는 생각과 함께 그렇게 싫어 하던 수학이 서서히 좋아지려고 하는 것이다.

덧붙여 말하자면 직각 만드는 법과 삼각수라는 것도 이번에 처음 알았다. 그 다음엔 뭐가 있는지 궁금하다. 다음 책이 빨리 나왔으면 좋겠다.

— 만화가 박재동

머리말

학교에 다닌 사람 치고 수학을 배우지 않는 사람은 없습니다. 모두 수학을 배워서 졸업하지요. 그러나 대부분 수학을 배운 걸로 인해 자신이 바뀌었다는 것을 깨닫지 못합니다. 왜일까요? 거기에는 몇 가지 이유가 있어요. 우선 바뀐 부분이 잘 드러나지 않아서 그렇습니다. 또한 대학 입시를 위해서 점수 올리기 위해서만 수학 공부를 하는 것이 요즘의 현실이기 때문입니다. 수학이란 무엇이며 어디에서 누구로부터 시작된 것일까요? 수학은 틀릴 수 없는 생각을 할 수 있게 해주고, 정확한 판단을 할 수 있게 해줍니다. 그러한 수학의 기본을 훈련할 수 있는 원천이 바로 피타고라스입니다.

고대에도 세계의 여러 나라들은 나름대로 수학을 발전시키고 있었습니다. 기원전 1700년경 이집트에서 씌어졌다는 세계 최초의 수학 기록인 린드 파피루스를 보면, 토지의 넓이, 원기둥 모양의 부피, 분수표, 식량분배, 과세 등 상

당히 복잡한 문제까지 다루고 있었습니다. 처음 이 고문서를 읽은 학자들은 경악하였습니다.

반면 그 당시 그리스 수학은 이러한 이집트 수학과 비교하면 유치할 정도였습니다. 하지만 유독 '수학사'가 그리스로부터 시작되었다고 우리가 믿게 된 이유는 그리스인들이 기술로만 존재했던 이집트나 바빌로니아의 수학에 논리체계를 세웠기 때문입니다. 기술로만 구전되어 기계적으로 쓰이던 계산술을 왜 그렇게 되는지 증명해 보이고, 최초로 정리한 사람이 바로 피타고라스입니다. 그는 보이지 않는 세계와 보이는 세계를 잇는 다리가 바로 수학이라고 정의를 내렸습니다.

수학사는 공부에 어떤 도움이 될까요? 수학사를 읽다보면 그 당시 사회상과 서양사를 알게 됩니다. 시대의 필요에 따라 기하가 발달하기도 하고 대수가 발달했다가 공간도형이 발달하기도 하고 벡터가 발달하기도 합니다. 이는 당시의 사회상과 관련이 있습니다.

그 한 예로 피타고라스 시대에 기하가 발달했던 건 이집트에서 홍수로 인해 홍수가 끝난 후 온갖 쓰레기와 유기물로 뒤덮여 경계가 없어진 경작지를 재분배했기 때문입니다.

이 책과 앞으로의 시리즈에서는 역사의 변화와 그 시대의 필요에 의해 어떻게 수학의 새로운 분야가 탄생·발전하여 현대의 수학이 되었는지를 만화로 엮어갈 것입니다. 따라서 어렵다고 느껴 왔던 수학을 재미있고 쉽게 접하면서 역사, 과학, 사회, 미술, 윤리 등을 동시에 공부하게 할 것이므로 교육 효과 면에서 1석2조, 아니 1석 3조라 할 수 있습니다.

현대문명은 수학이 쌓여 이루어졌다고 해도 과언이 아닙니다. 수학 실력은 21세기의 경쟁력입니다. 그럼에도 불구하고 수학성적의 영향력이 덜 미치는 쪽으로 진로를 바꾸는 학생들이 생기고, 교과 과정조차도 수학의 비중을 낮추는 쪽으로 수정되었다는 것은 우리나라의 국제경쟁력을 고려했을 때 심히 염려스러운 부분입니다. 독자 여러분!

이 책을 읽으면서 피타고라스라는 수학자가 한 원리를 증명하기 위해, 어떤 인간적인 고통 속에 살았는가를 알게 되어, '아, 피타고라스라는 수학자도 나와 똑같은 사람이로구나. 그렇다면 나도 수학자가 될 수 있겠구나' 하는 공감대까지도 느끼게 되었으면 좋겠습니다. 그리하여 수학에 대한 거부감이 없어지고 수학을 친근하게 느껴서, 재미있게 수학 공부을 할 수 있게 되기를 바랍니다. 또한 그래서 수학 공부의 첫걸음에는 수학사가 있다는 걸 밝혀드립니다.

이 책의 탄생을 첨 예고하신 조관제 이사장님, 제 캐릭터를 그려주시며 "이 모작 잘하라"고 써 주신 박재동 화백님, 꽉 찬 조언을 주신 이용철 실장님, 이 작품을 첨 발굴해서 기사화 해주신 권복기 기자님, 김진수 기자님, 박창섭 기자님, 신문 연재에 적합한 이미지와 내용이라는 신문사의 판정을 전해 주셔서 용기 주셨던 오창민 기자님, 이 작품을 출판으로 인도해 주신 배주영 팀장님과 살림 출판사 사장님 그리고 디자인 팀, 포토샵 작업을 도와 준 성현 군……그 밖에 지면상 여기에 올리지 못했지만 도움 주신 여러 분들께 진심으로 감사드립니다.

2007년 10월

박소영

피타고라스 학파

밀론
당대 최고의 스포츠맨으로서 인기를 누렸고, 재력과 권력을 겸비했던 피타고라스의 친구

아리스타이오스
피타고라스와 비슷한 나이로, 후계자가 되며 피타고라스 사후 테아노와 결혼하고 피타고라스의 아들들을 훌륭하게 키워낸다.

필로크라테스
돈을 받고 가르침을 받은 것으로 유명한 피타고라스의 첫 번째 제자

테아노
밀론의 딸로서 피타고라스 학교에서 공부하고 나이 많은 피타고라스와 결혼하게 된다.

데모케데스
서양의 "편작"으로 비유되어 역사에 기록된 유능한 의사, 피타고라스와 가장 절친하였다 함.

알카이오스
죽으면서 피타고라스에게 막대한 유산을 남긴 사람.

히파소스
피타고라스의 정리로부터 무리수를 발견하였다는 비밀을 누설한 뒤 행방불명이 된 수학자

아르키포스
밀론의 집 화재 후 살아 남은 2명중 1명으로 타란토로 도피하여 학교를 세웠고 이로 부터 1세기 후 이 학교에 플라톤이 입학.

리시스
밀론의 집 화재 후 살아남은 2명 중 1명으로 피신하여 명장 메테미논다스의 스승이 됨.

필롤라오스
피타고라스 사후의 인물로 들은 이야기를 회상하며 기록으로 남긴 수학자

피타고라스
주인공으로 전생을 믿고 최면술에 능하며 만인의 존경과 인기를 한 몸에 받았던 수학왕

링링

저는 링링이라고 해요.
최면술에 능하고요…….
에~
또~
피타고라스 선생님과 텔레파시로 대화해요.
독자 여러분!
저에게 텔레파시 보내시면
저의 응답도 들을 수 있을 걸요.

뭐라고요?
헛소리하지 말라고요?
야~옹 진짜 사실인데…….

난 아메스의 파피루스를 기록하는 걸 봤다니까요.
아무도 안 믿어 줘서 억울해. ㅠㅠ

천인회

킬론
천인회의 거두로서 뇌물과 갖은 농간으로 공권력을 무력화시켜 피타고라스를 죽게함.

니노
천인회의 회원으로 킬론의 손 발이 되어 협력한다.

contents

- 추천사 4
- 머리말 8
- 캐릭터 소개 12

1. 돈으로 산 첫 번째 제자 ········ 17
2. 나를 소개할까요? ········ 22
3. 홍수 때문에 측량술이 발달한 이집트 ········ 30
4. 고대 이집트에서 직각을 만든 방법 ········ 33
5. 산술 기하학이 발달한 이유 ········ 40
6. 노예가 된 피타고라스 ········ 42
7. 폴리크라테스 왕과의 악연 ········ 50
8. 로봇이 활약하는 피타고라스 정리 ········ 60
9. 폴리크라테스 왕의 음모 ········ 68
10. 피타고라스 정리 중 젤 쉬운 증명 ········ 73
11. 피타고라스의 정리 ········ 76
12. 나무 쌓기 놀이로 증명한 피타고라스 정리 ········ 77
13. 고향 사모스 섬을 떠나다 ········ 84
14. 고대의 그리스 모습 ········ 90
15. 어디로 가야 하나? ········ 92
16. 콩사마가 된 까닭 ········ 96
17. 뜻밖의 환영 ········ 103
18. 친구 밀론과 그의 딸 테아노 ········ 106

19 가위질과 바느질을 최소로 한 옷 만들기 · 116
20 드디어 학교를 열다 · 120
21 0차원의 세계에는 점이 살고 있다 · 126
22 점, 선, 면, 공간의 차원에 대한 정의 · 130
23 테아노의 생활 · 132
24 정다면체의 발견 · 136
25 삼각수 · 152
26 수학을 치료에 이용하는 의사 데모케데스 · 156
27 천인회를 이끄는 킬론과 니노 · 166
28 인구가 급증할 때에는 수학이 필요했다 · 168
29 복잡한 식을 한 줌으로 만드는 기호 · 172
30 삼각수 반죽하기 · 178
31 우등생 비법 에빙하우스의 기억곡선 · 186
32 삼각수 반죽의 달인 가우스 · 187
33 삼각수 한방에 가는 방법 · 190
34 삼각수의 점의 개수 구하는 법 2가지 · 193
35 피바람을 몰고 온 사건의 발단 · 194

부록

정다각형, 정다면체 · 198
"플러렌" 실험실의 축구공 · 204
피타고라스가 선물한 축구공을 닮은 건축물 · 206
삼각수 · 208

1. 답으로 산 첫 번째 제자

피타고라스는 첫 제자인 필로크라테스에게
3오볼씩 돈을 주었다고 한다.

존경 받던 피타고라스 선생님이 고생을 겪고 여러 나라들을 돌아 배운 지식이 머리에 꽉 찼을 때에는 오십이 다 되었었다. 그래서 구전으로 전수 받은 귀중한 지식들이 하나 둘 머릿 속에서 잊혀져 가는 것이 무척 염려 되셨다 한다. 사실 우리가 찬란하게 꽃 피웠던 그리스의 문화는 이러한 전수자 분들이 있었기에 가능했다는 것을 알기에 그 분들께 머리 숙여 감사 드린다.

어찌했든 선생님께서는 전수자를 찾아 나섰는데 전수자가 될 만한 능력을 갖춘 사람을 찾기도 힘들려니와, 찾았다 해도 허락을 얻어 내기가 힘들었다. 왜 그랬을까? 그 이유를 우리 피타고라스 학파에서 분석해 놓은 것이 있다. 그래서 여러 번의 기회를 놓치고 나서 특단의 조치를 마련해 놓고 있던 어느 날,

피타고라스학파는 피타고라스가 시장에서

남루한 차림의 한 수레꾼 아이를 만나는 것에서

시작 되었다. 그 아이의 이름은

필로크라테스였다. 특이하게도 선생님은

그를 돈으로 사서 제자로 맞았다고 한다.

나는 그 이야기를 듣고 굉장히 놀랐다.

어디 그뿐이랴.

자, 나는 지금부터 우리 피타고라스학파에

일어났던 신기하고 자랑스럽고 때로는 무서움에

떨며 숨어 살아야했던 그 한 많은 이야기를

여기에 적어 후세에 전승시키려 한다.

피타고라스의 제자 필롤라오스의 기록 중에서

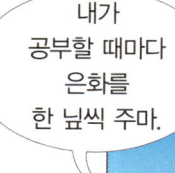

올림픽 챔피언이 되었어. 하지만….

엄마! 아빠! 나 챔피언 먹었어요!

내가 최상의 교육을 받을 수 있도록 지원을 아끼지 않았던 아버지가 세상을 떠나시자,

아버지의 유언대로 훌륭한 스승을 찾아 길을 떠났지.

아버지…. 탈레스 선생님을 찾아 갑니다.

이오니아라는 곳으로

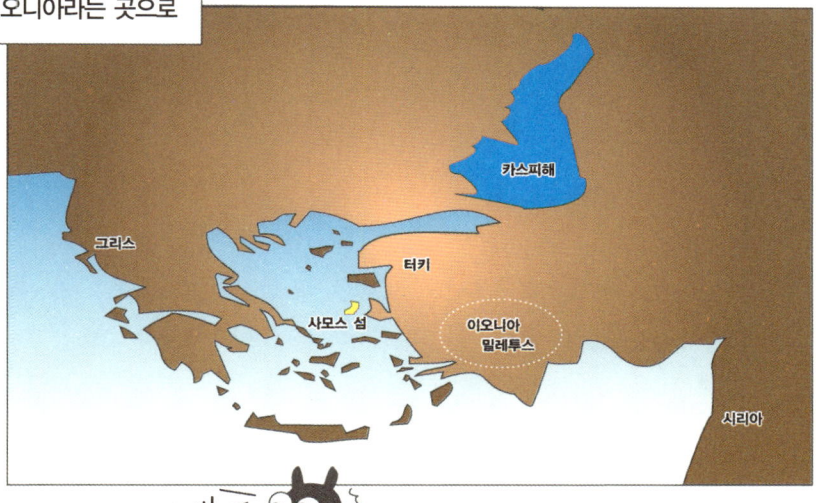

당시 최고의 스승이라고 평가 받았던 탈레스는 이오니아 지방의 당대 그리스에서 가장 발달된 도시인 밀레투스에 살고 있었다.

이름 : 탈레스(기원전 620년 경)
국적 : 고대 그리스
직업 : 철학자·수학자·정치가
특징 : 플루타크 영웅전에서 고대 그리스의 칠현인 중 한 명으로 나옴.

"모든 것은 물이다"라는 주장으로 유명하다.
"꾀 많은 당나귀"라는 이솝 우화 중에 나오는 당나귀의 주인이 바로 탈레스다.

권투해서 메달 땄으니까 이젠 공부를 해야지!

그리스 시대에는 오늘날처럼 글러브를 끼고 권투 경기를 했다.
하지만 로마 시대에 쇠못이 박힌 가죽 끈을 감고 경기를 하는 방식으로 바뀌어 때로는 선수가 죽기도 하는 잔인하고 살인적인 경기가 되었다.

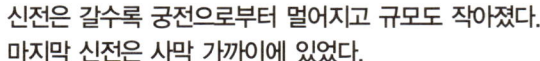

신전은 갈수록 궁전으로부터 멀어지고 규모도 작아졌다.
마지막 신전은 사막 가까이에 있었다.

"여기서 거절당하면 난… 그리스로 돌아가야 한다."

마지막 신전

"어서 오시오. 이 신전에 머무시오. 공부를 도와 드리라는 파라오의 명령을 받았소."

"'팽~' 이렇게까지 당하고도 포기를 안 하다니…. 끈질긴 그리스 놈!"

"난 파라오의 명령을 거역하면 어찌 되는지 잘 알지!"

"아니, 이게 꿈이야 생시야? 날 받아 주겠다고?"

"그제야 난 사태를 깨달았지."

"이들은 똘똘 뭉쳐서 이집트의 문화가 밖으로 퍼지는 것을 막으려 했던 거야."

죽음을 각오하고 지켜야 한다!

아메스의 파피루스

수학 내용이 기록된 최초의 파피루스. 기원전 1650년 경 아메스라는 서기(書記)가 쓴 것으로 '아메스의 파피루스' 또는, '린드파피루스'라고 한다. 1858년, 스코틀랜드의 A.헨리 린드라는 사람이 휴양차 이집트에 갔다. 그는 골동품 수집가였는데, 한 고물상에서 파피루스를 샀다. 그것은 두 동강 난 파피루스의 반쪽이었는데, 알고 보니 아메스의 파피루스였다. 그래서 발견한 사람의 이름을 따서 '린드파피루스'라고도 한다. 나머지 반쪽은 반세기 후 에드윈 스미스에 의해 발견되었고, 현재 대영박물관에 보관되어 있다.

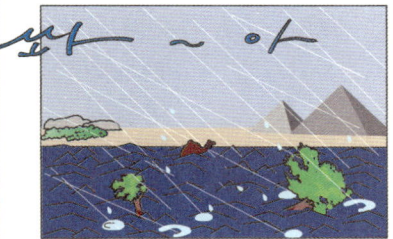
나일 강에 홍수가 나고

5~6개월간 계속되던 범람기가 끝나고 나면

경작지들이 쑥밭이 된다.

나일 강이 홍수 때 운반하여온 유기물은 가만 내버려둬도 수확이 가능할 만큼 땅을 비옥하게 만들어 주는 대신, 밀밭을 잔뜩 덮어서 이웃 밀밭과의 경계선이 없어져버리는 바람에….

당시 이집트는 비가 오지 않는 건기가 되면 파라오가 모든 이집트인에게 제비뽑기로 사각형의 토지를 나누어 주고 농사를 짓게 하고, 수확기가 되면 홍수로 인해 피해를 입은 면적을 감안해서 관리가 정해 주는 양을 세금으로 파라오에게 내게 했다.

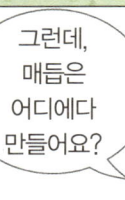

1 준비한 노끈을 팽팽하게 당긴다.

2 자를 대고 눈금을 표시한다.

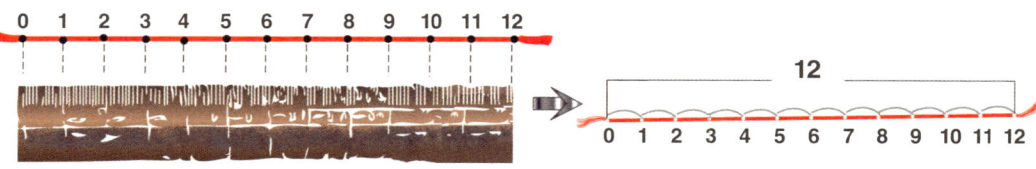

3 3, 7, 12의 위치에 매듭을 만든다.

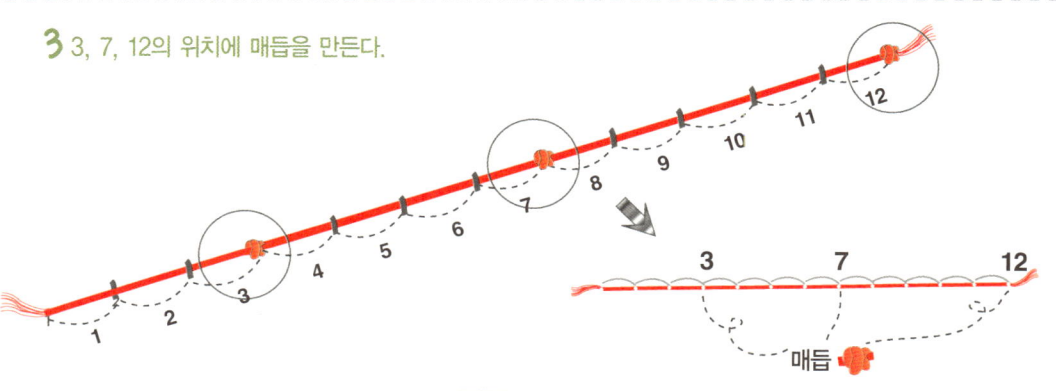

투탕카멘 왕 시대의 측량 자

3300여 년 전 투탕카멘 왕(이집트 제18왕조 제 12대) 시대에 사용했던 측량 자. 검은 화강암으로 만들어진 이 자에는 숫자와 상형 문자가 새겨져 있다.

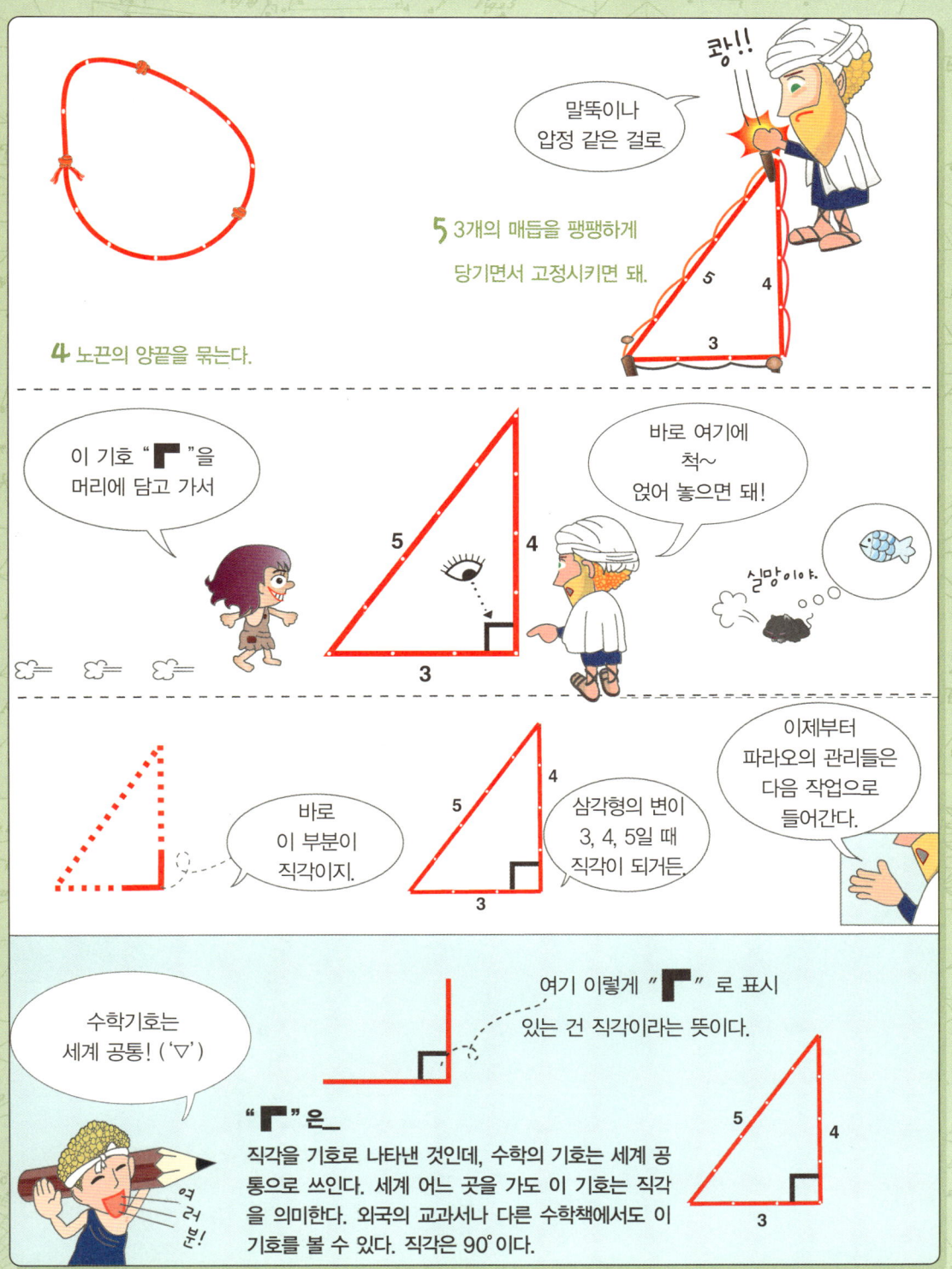

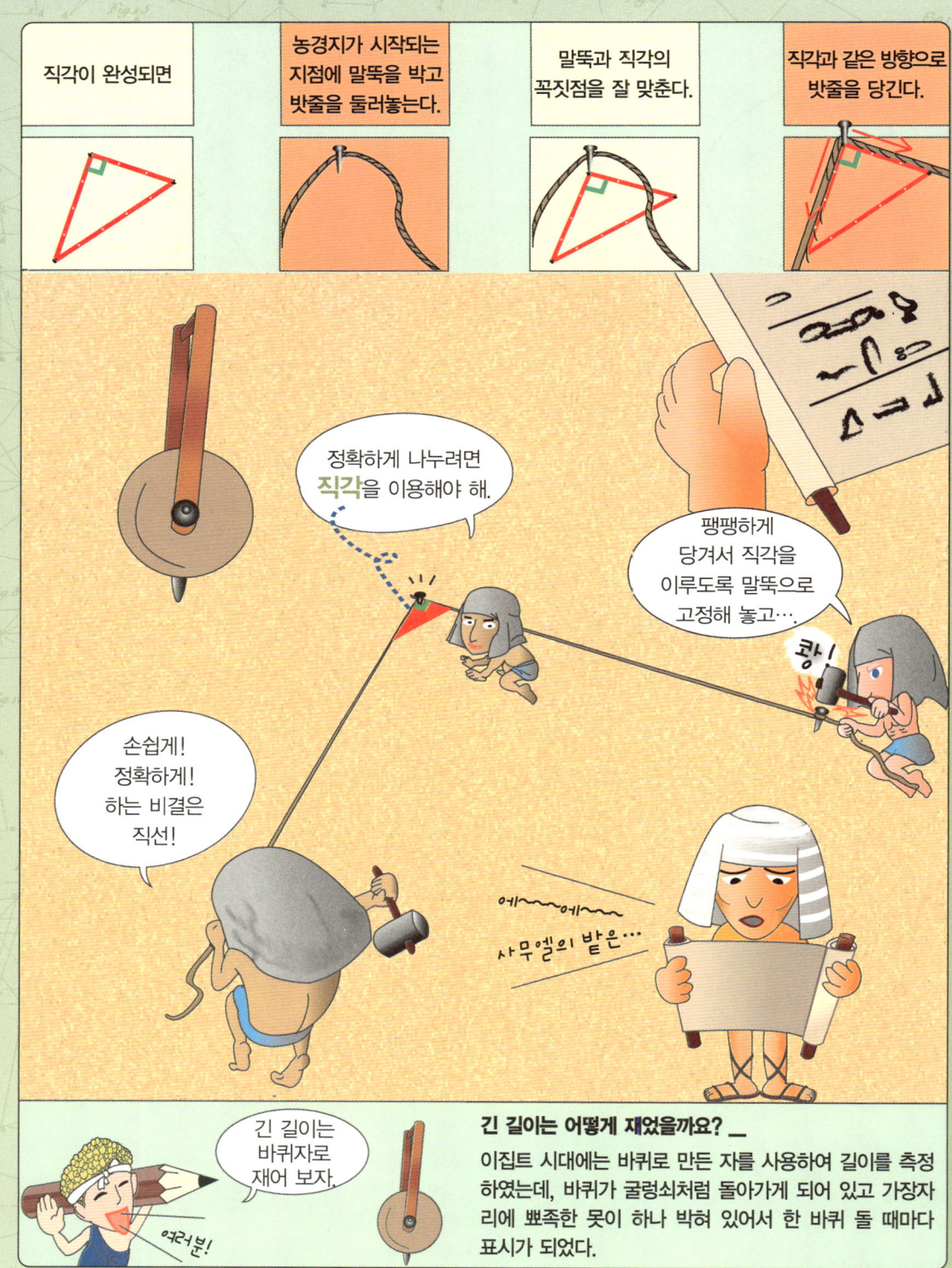

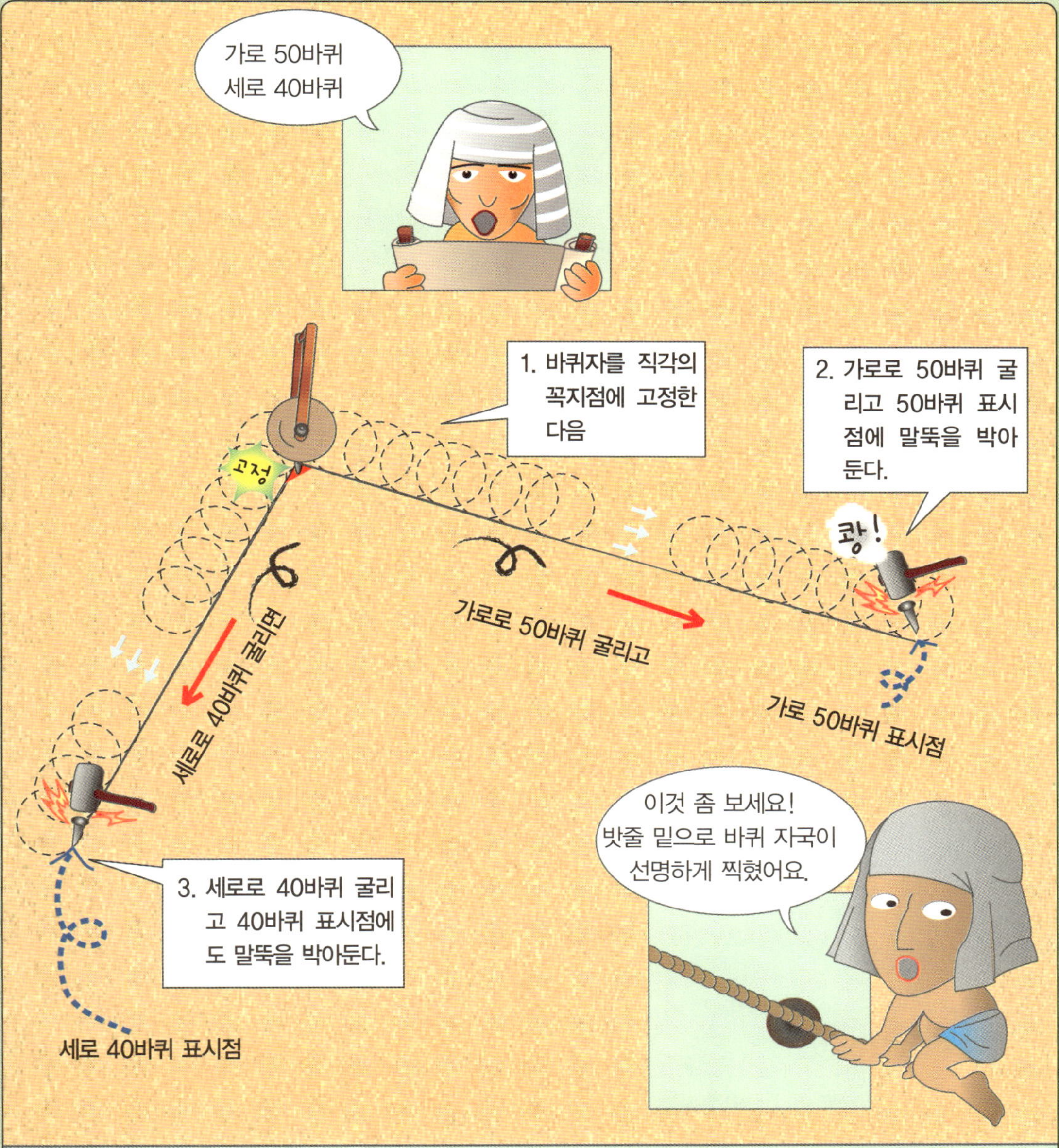

짧은 길이는 어떻게 재었을까요?

보통 성인의 손가락 끝에서 팔꿈치까지의 길이를 1큐빗(cubit)이라 한다.

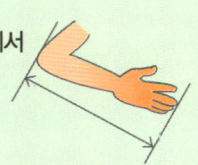

기원전 2197~2178년 라가시를 통치했던 수메르 왕 구데아 의 비문에 "큐빗"이라는 단위가 쓰인 것이 발견되었는 데 그것이 현재 역사상 가장 오래된 것이다. 이집트시대에도 "큐빗"이라는 단위가 쓰였고, 특히 무역할 때에는 나라마다 재는 법이 달라 불편했으므로 주변 국가들까지 모두 공식적으로 큐빗을 쓰도록 측정단위를 통일하였다.

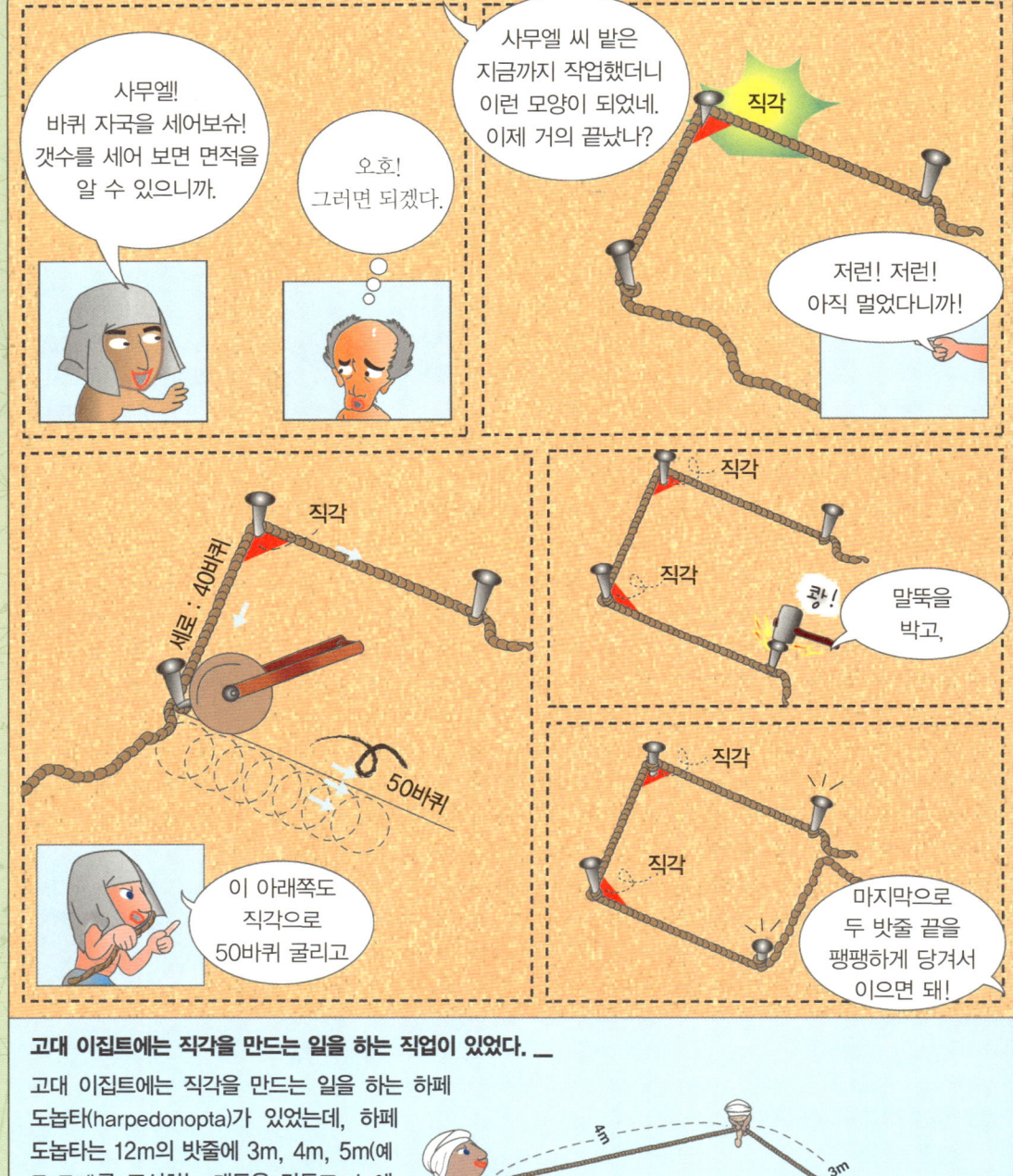

고대 이집트에는 직각을 만드는 일을 하는 직업이 있었다.

고대 이집트에는 직각을 만드는 일을 하는 하페도놉타(harpedonopta)가 있었는데, 하페도놉타는 12m의 밧줄에 3m, 4m, 5m(예를 들어)를 표시하는 매듭을 만들고, 노예를 3명 데리고 다니며 3명의 노예가 3개의 매듭을 각각 잡고 서게 하여 밧줄을 힘껏 팽팽하게 당겨서 직각 삼각형을 만든 다음 건축이나 경지 정리, 토목 공사 등에 직각을 이용했다.

직각을 만들고 있는 하페도놉타

5. 산술 기하학이 발달하게 된 이유

4대 문명의 발상지 중 하나인 나일 강은 청나일과 백나일이 합류하여 지중해까지 6,671km를 흘러가는 대하천인데, 농업국가였던 고대 이집트에 있어서 농사에 꼭 필요한 물을 공급해 주는 나일 강이야말로 바로 '신이 내린 선물'이었다.

하지만 1년에 한 번씩 5~6개월 동안이나 홍수로 물에 잠기는 나일 강은 선물인 동시에 골칫거리였고, 홍수가 나면 모든 것을 싹 쓸어가 버리는 나일 강을 다스리는 것은 나라의 부를 좌우하는 일이었다.

그 당시 이집트는 제26왕조인 아마시스 왕(570~526)이 통치하고 있었는데 나일 강과 홍해 사이에 운하가 건설되었고, 이집트와 그리스 사이에는 교역이 활발하였다.
그래서 이집트 왕은 운하도 파고, 수문도 만들고, 둑도 쌓는 일을 하게 되었는데, 이와 같은 대공사를 하기 위해서는 측량술이 필요했다.

또한 홍수는 유기물을 날라와 땅을 비옥하게 해주는 대신 땅 위에 가득 덮여 경계선을 없애 버리는 바람에 다툼이 생기지 않도록 재분배해야 했다. 당시 세력을 가진 왕이었지만 토지 분배를 공평하게 처리하지 않으면 농민들의 불만이 쌓여 언제 반란이 일어날지 모를 일이었다.

이런 이유들 때문에 정확한 토지 분배를 해야 했고 분배에 필요한 계산 때문에 산술 기하학이 발달하게 되었다.

추수할 때가 되면 농민들에게 세금을 걷을 때, 홍수로 인해 피해를 얼마나 입었는지 조사해서 적절하게 세금을 매겼다.
이 일은 계산이 아주 복잡해서 자연히 산술과 계산술이 더욱 발달하게 되었다.

뿐만 아니라, 홍수에 쓸려가기 전에 농사 지은 곡식을 수확하기 위해 홍수가 나는 시기를 정확하게 알아내려고 애를 썼기 때문에 천문학도 발달하게 되었다.

오늘날 이집트의 나일 강은 어떻게 되었을까?

1971년, 이집트는 나일 강에 댐을 만들어 홍수를 막고, 하류에는 더 많은 농토를 만들고, 고인 물을 이용해 수력 발전을 하여 막대한 전력을 얻을 수 있게 될 거라는 기대로 아스완 하이댐을 건설하게 되었다. 그러나 웬 걸? 부작용 또한 만만치 않았으니, 그동안 어김없이 홍수를 통해 쌓이던 천연 퇴비가 없어지자 농산물 생산량이 크게 감소하였고, 바다로 흘러 들어가던 영양물질의 양이 줄어듦에 따라 식물성 플랑크톤도 줄어들게 되어 어획량 또한 크게 감소하였다.

아스완 하이댐

바다에서는 나일 강에서 내려오는 영양 물질이 부족하여 물고기의 먹이인 식물성 플랑크톤 양이 줄고 이로 인해 어획량이 크게 감소하였다.

댐의 건설로 생겨난 세계에서 가장 크고 넓은 인공호수인 낫세르 호수는 해충의 서식지가 되어 말라리아와 그 밖의 여러 가지 전염병의 발병률을 높게했고, 물이 증발하면서 물의 염분도가 높아지는 예상하지 못했던 환경 문제가 발생하였다고 한다.

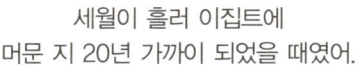

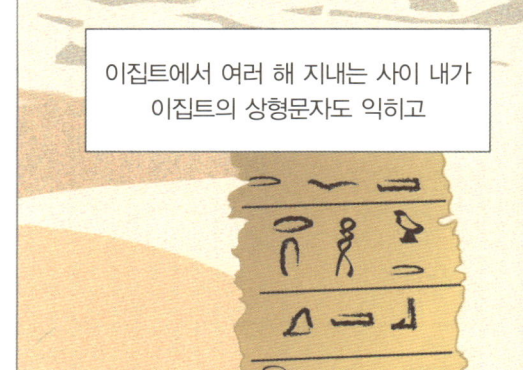

아마시스 왕이
아들인 프삼메티쿠스 3세에게
왕위를 물려주고 6개월쯤 지났을 때,

기원전 525년
페르시아에 있는
바사왕국의 캄비시스 왕이
이집트에 쳐들어 왔다.

캄비시스 왕은
프삼메티쿠스 3세는 살려주는 대신
그의 아들은 죽이고
그의 딸은 노예로 보냈다.

그러나 얼마후 반란음모 죄로
프삼메티쿠스 3세도 죽였다.
귀족들과 사제들도 노예가 되어
바빌로니아로 끌려갔다.

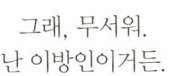

링링은 노예 책임자에게 '천재 피타고라스'가 죽으면 왕이 큰 벌을 내릴 거라고 최면을 걸었죠. 덕분에 피타고라스는 5개월 만에 노예 생활과 작별을 고했다.

하지만 그곳에서 점성술을 연구하라는 명령을 받았기에 바빌로니아의 발달된 천문학을 바탕으로 별을 관찰하기 시작했다.

- 이름 : 폴리크라테스
- 국적 : 고대 그리스
- 직업 : 기원전 535년부터 13년간 사모아 섬을 다스린 참주
- 특징 : 배신을 쉽게 하는 표독한 폭군이었다. 함대 100척으로 해적질을 하여 그리스 전역에서 악명을 떨친 독재자이다.
- 참주 : 무력으로 왕위를 빼앗아 불법으로 군주가 된 독재자. 고대 그리스에서는 참주가 모두 독재자는 아니었다.

그 이치가 몹시 궁금하군요.
가르침을 주시면 감사히 받겠습니다.

이치는 모른다오.
조상 대대로 전해 내려 온 거라 그냥 쓰고 있다오.

아니?
어떻게 확인도 안 되는 지식을 이용해 저런 대공사를 한단 말입니까?

신기하게도 공사장에서 확인해 보면 한 치의 오차도 없이
딱 들어맞는다오. 의심할 여지가 없소.

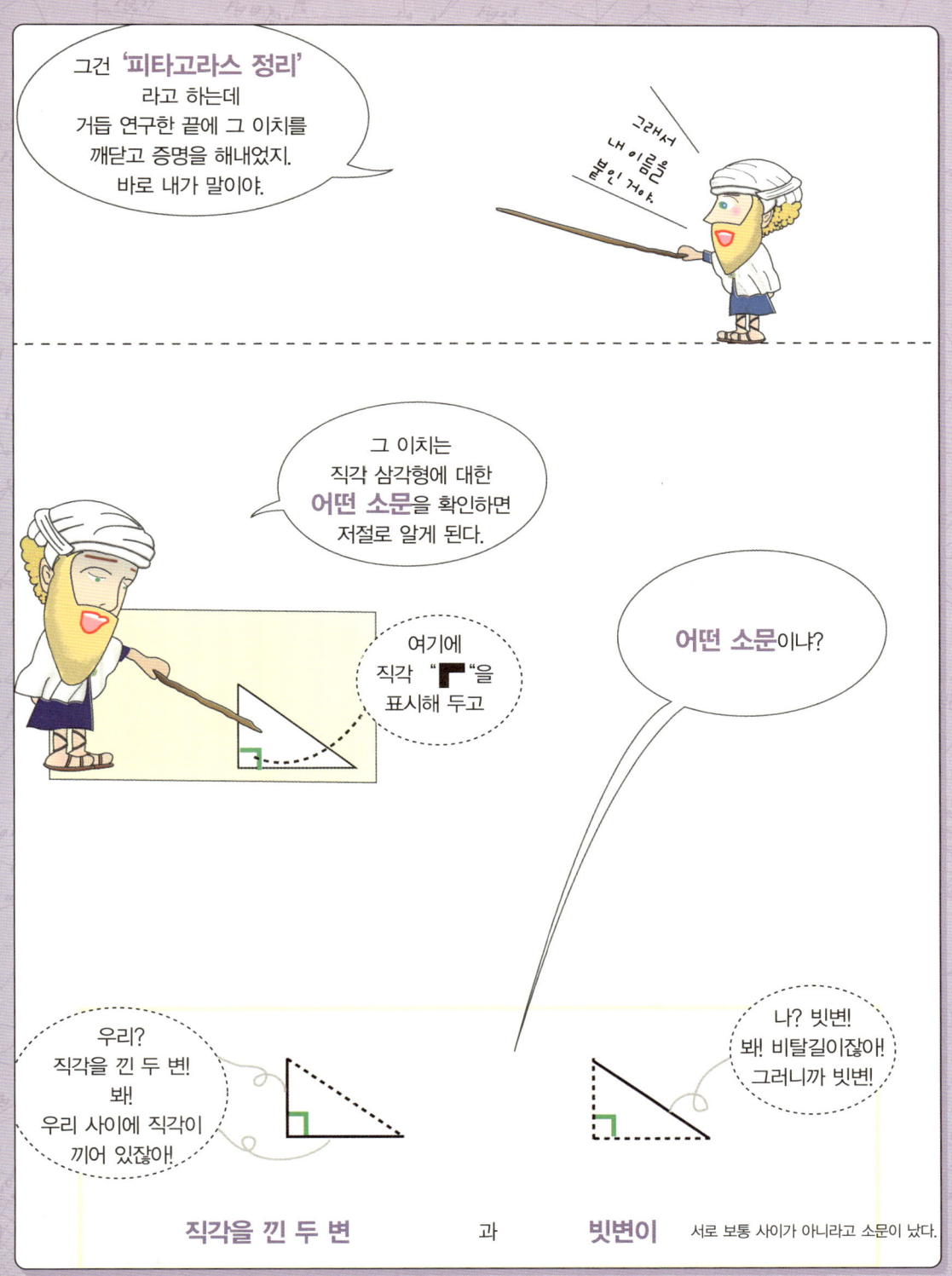

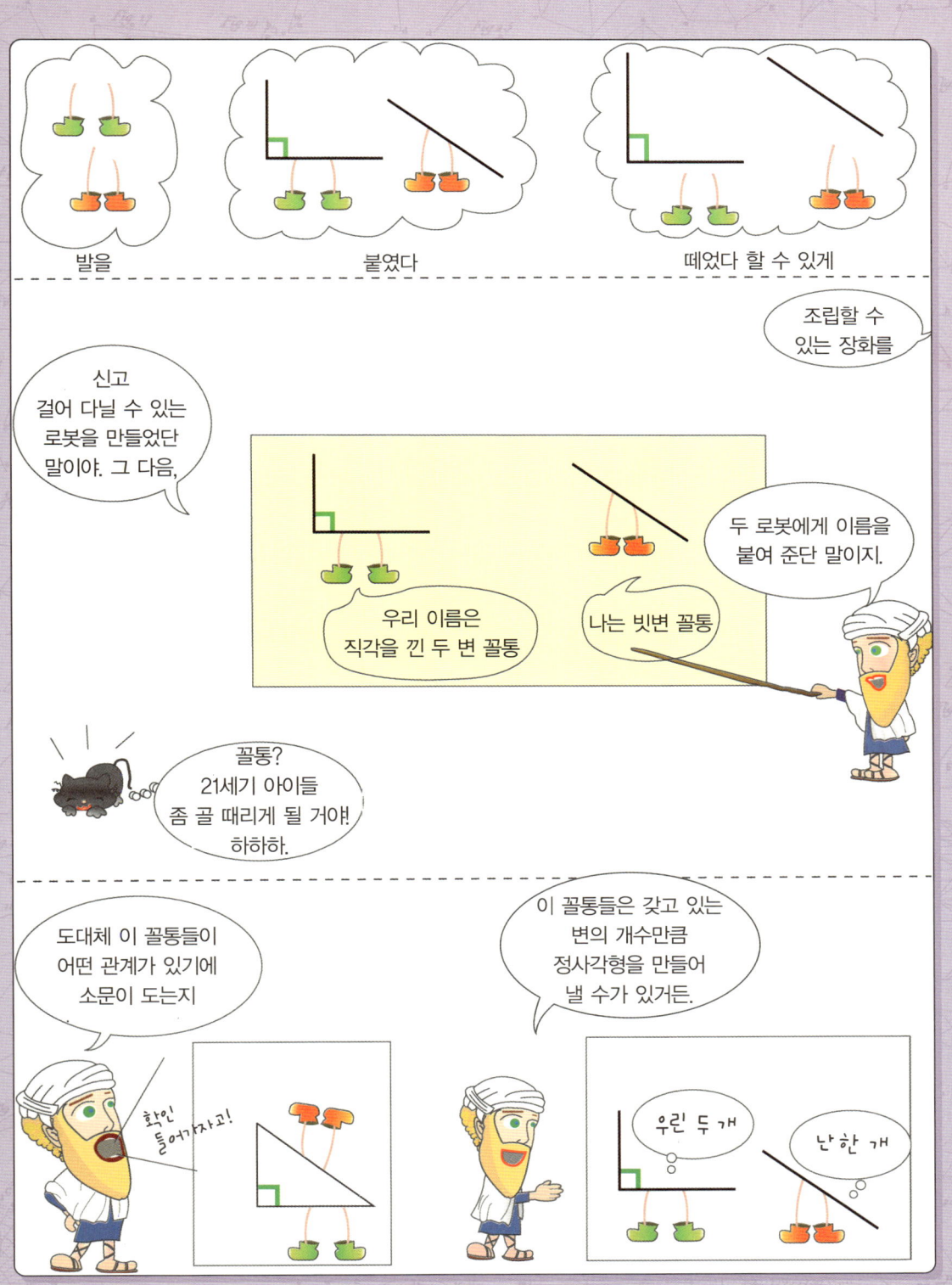

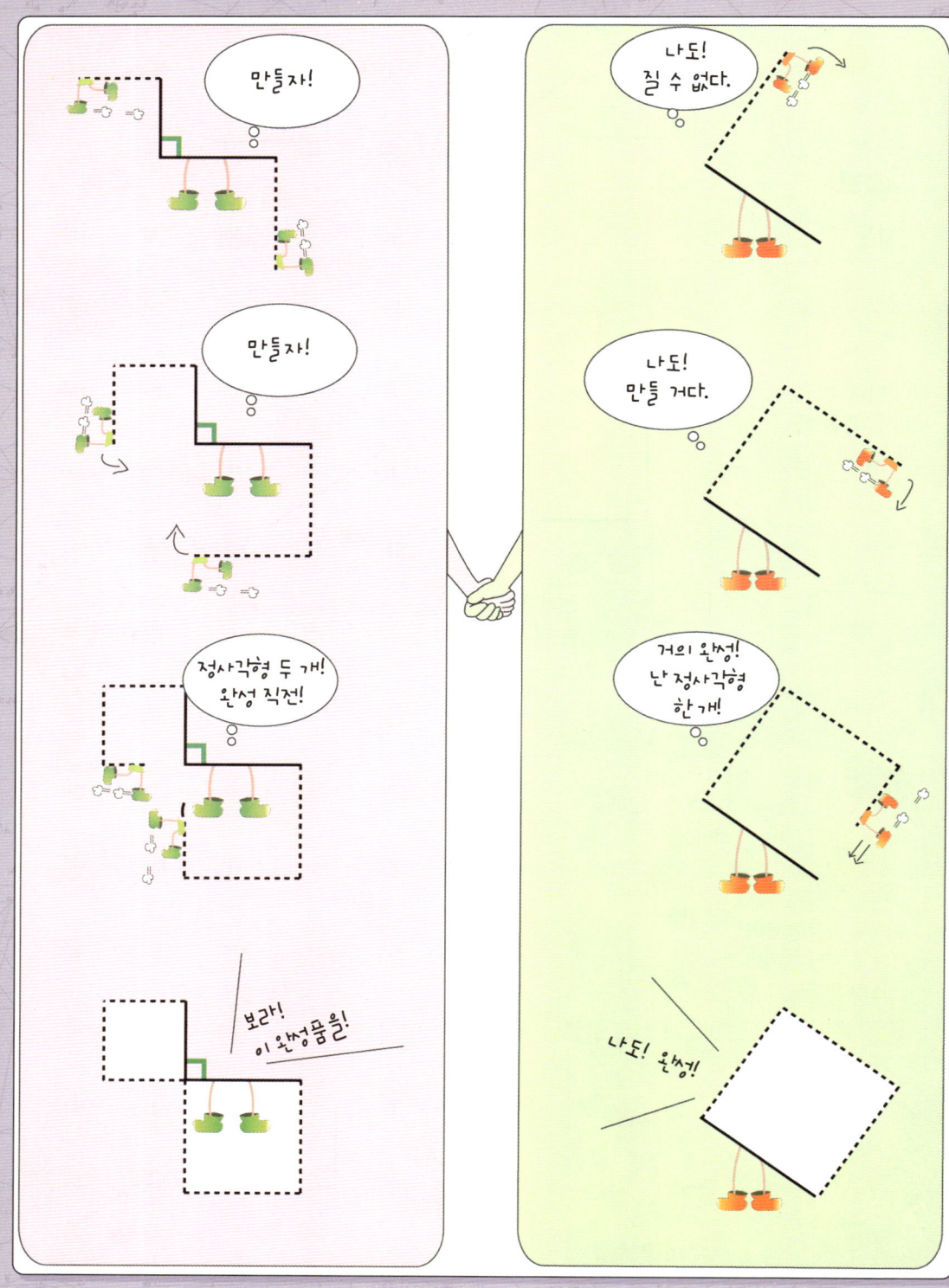

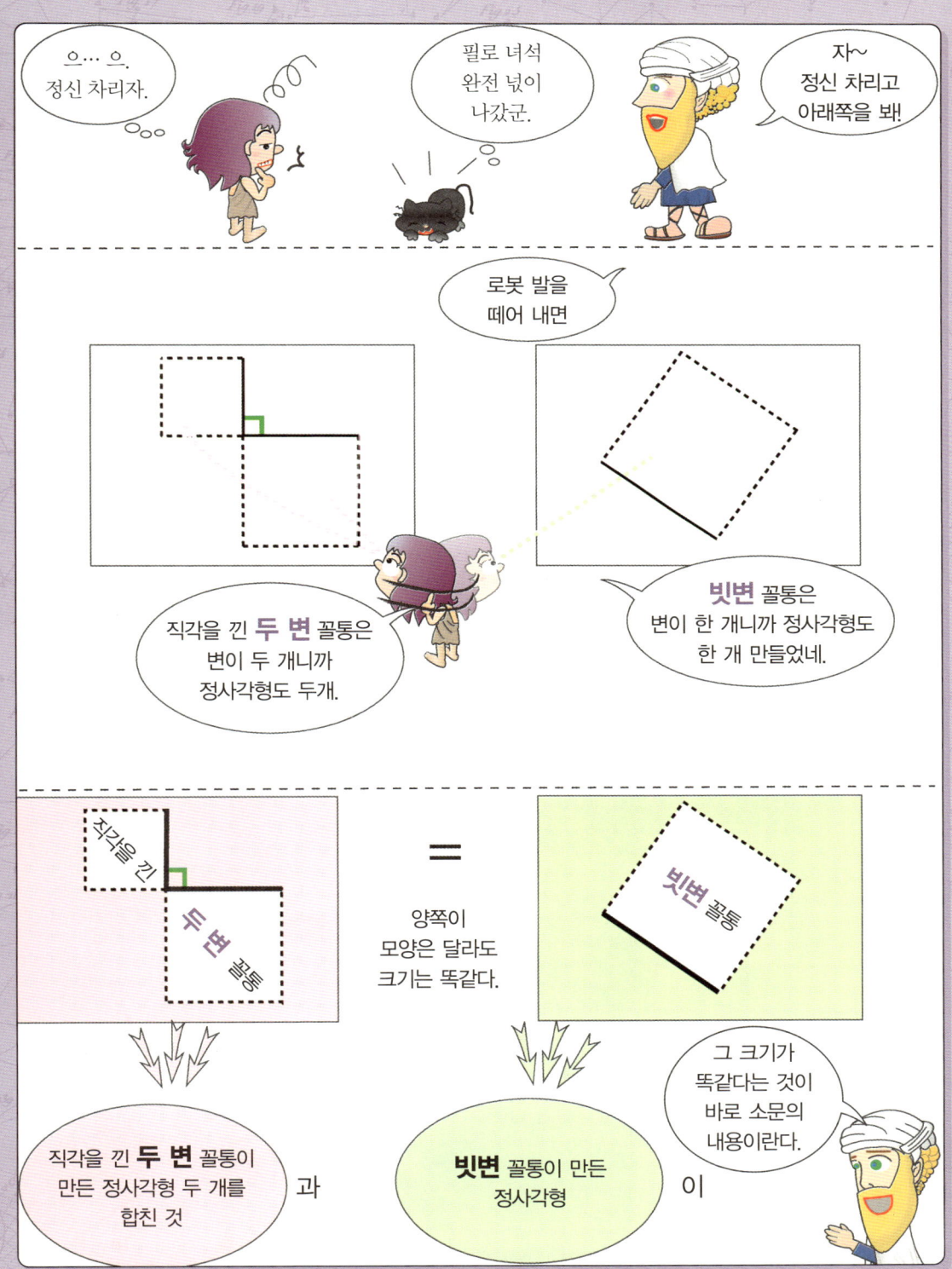

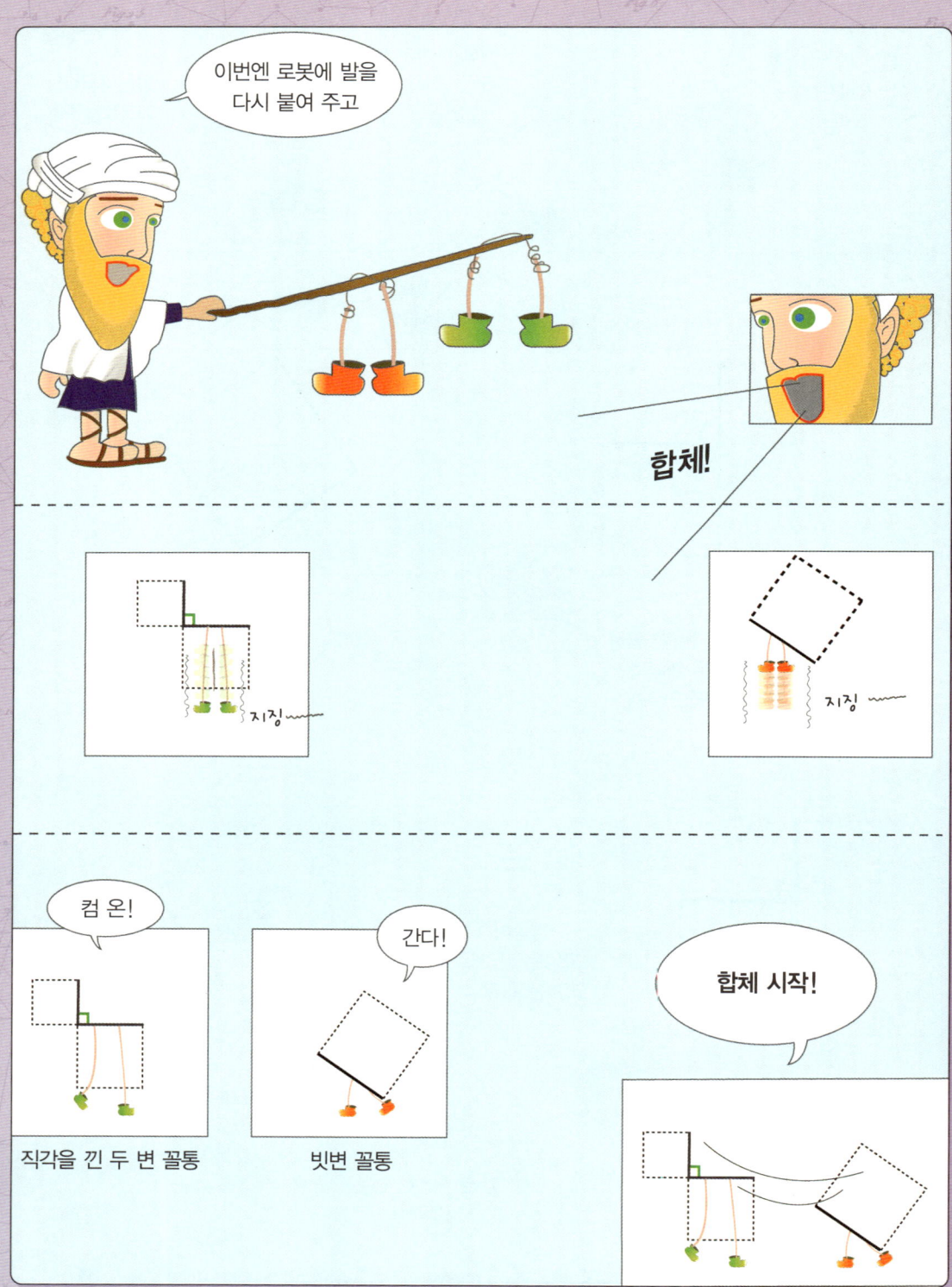

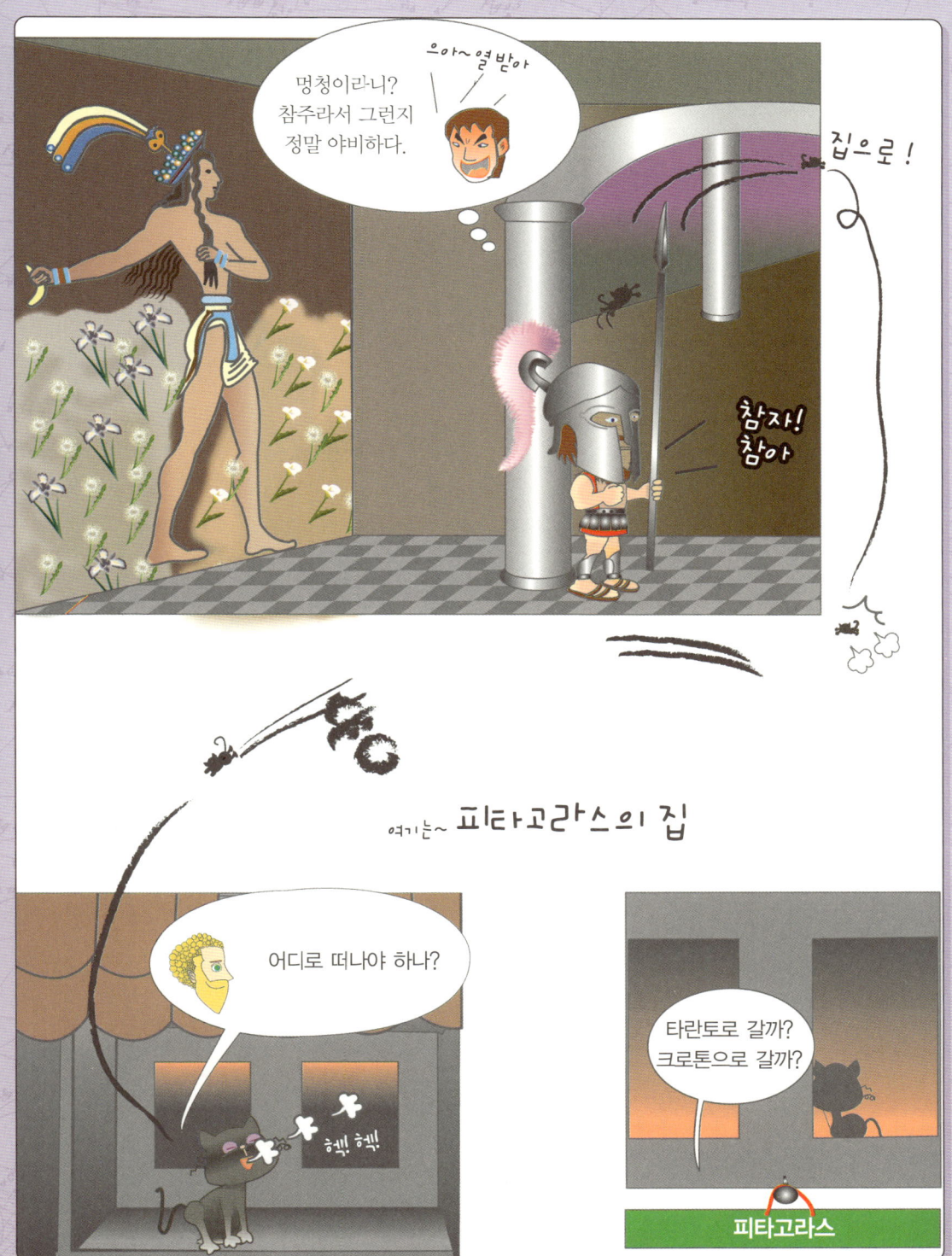

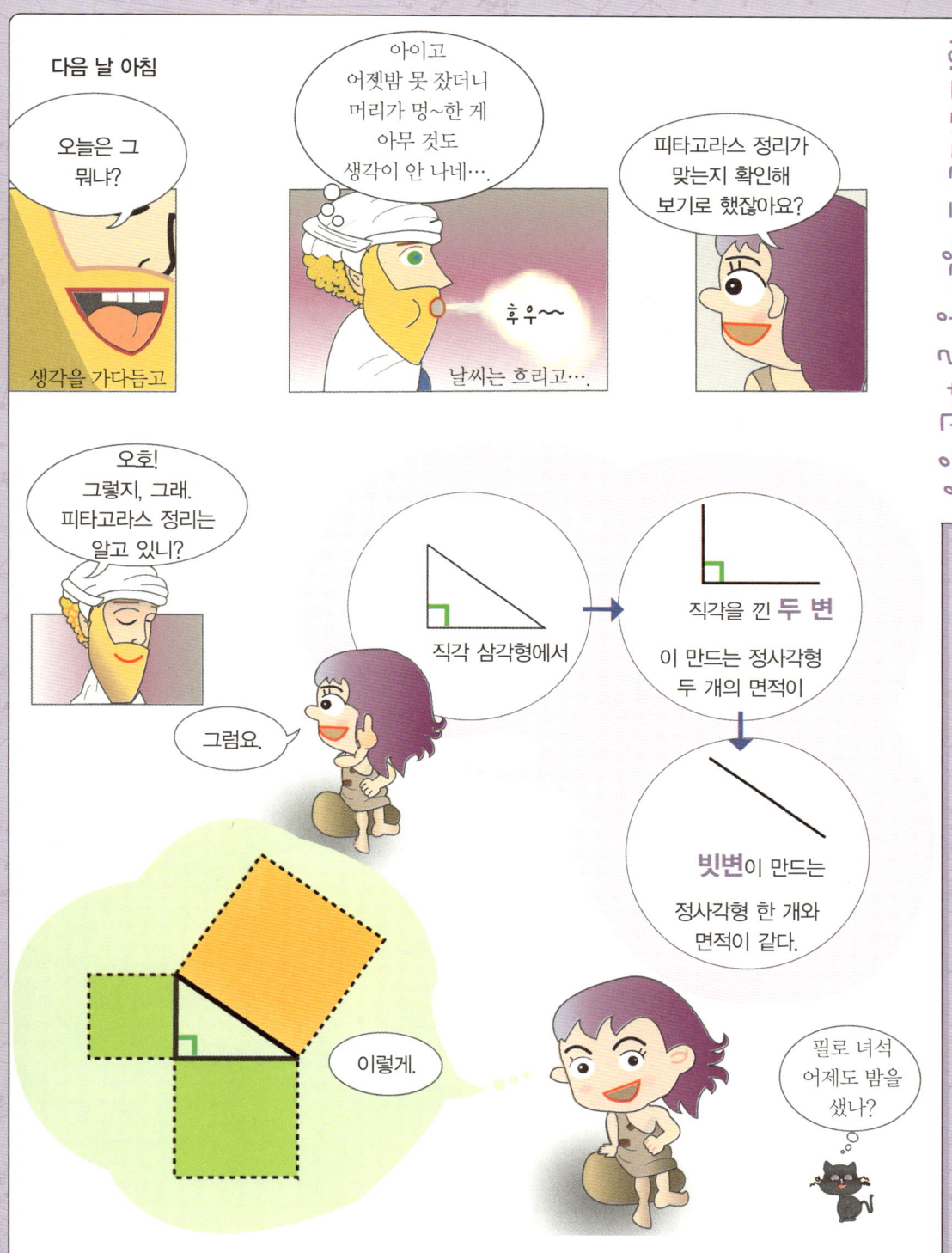

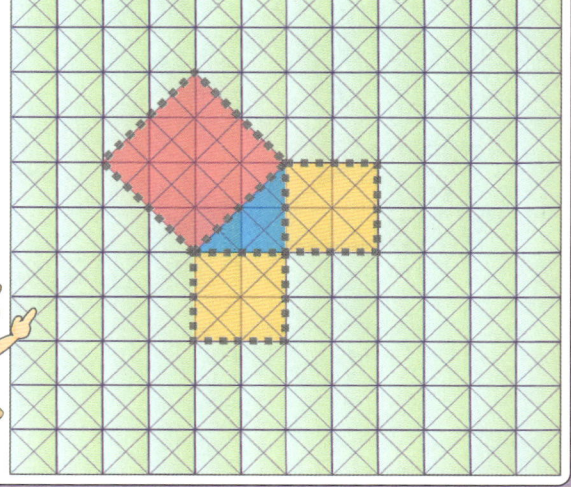

11. 피타고라스의 정리

"이집트 시대부터 아예 노끈으로 만들어 가지고 다녔던"

매듭 3개

"그보다 훨씬 전부터 있어 왔지만, 2500여 년 전에야 논리적인 연구가 시작되었다는 그 유명한 피타고라스의 정리는 증명방법이 수천 가지라는데"

"반드시! 꼭! 기필코! 직각 삼각형이라야 한다니까."

20세기에 와서야 미국 엘리사 스코트 루미스(Elisha Scott Lomis) 교수가 정리를 했고, 더불 던햄(W.Dunham) 교수가 367가지의 증명 방법을 모아서 발행하였으며, 1968년 NCTM(미국 수학 교사 협의회)에 의해 다시 발행되었다.

"이 삼각형으로"

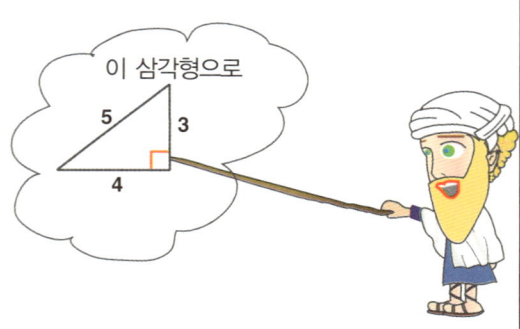

"나는 이집트인들보다 더 업그레이드 시켜서 역사상 처음으로 증명을 해볼 거야."

Elisha Scott Lomis 교수

W.Dunham 교수

12. 나무 쌓기 놀이는 유명한 피타고라스 정리

"업그레이드 된 이 방법은 바로 어릴 때 했던 나무 쌓기 놀이야."

367가지의 증명 방법 중에는 레오나르도 다빈치의 증명법이나 미국의 20대 대통령 가필드의 증명법도 포함되어 있다.

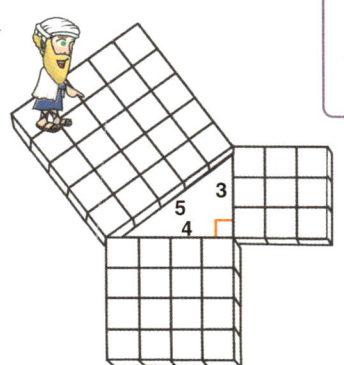

우리나라에선 신라시대에 "구고현(勾股弦)의 정리"라고 불렀던 피타고라스의 정리는 중국 수학책인 『주비산』에서 옮겨 적은 것으로 피타고라스보다 500년 앞선 기원전 3000년이라 알려져 있고, 피타고라스 정리를 이용하여 지은 건물로는 첨성대가 있다. '천장석의 대각선 길이 : 기단석의 대각선 길이 : 첨성대 높이'의 비가 바로 3 : 4 : 5라 한다.

기단석 : 건축물을 지을 때 기둥이나 벽을 세우는 데 그것을 지탱하기 위해 평지보다 약간 높인 주춧돌을 말한다.

피타고라스의 정리는 위에서 살펴 본 것처럼 일반 건축물은 물론이려니와 피라미드같은 대형 건축물, 첨성대같은 섬세한 건축물 등 그리고 운하 등 규모가 큰 토목공사 등에 쓰인다.

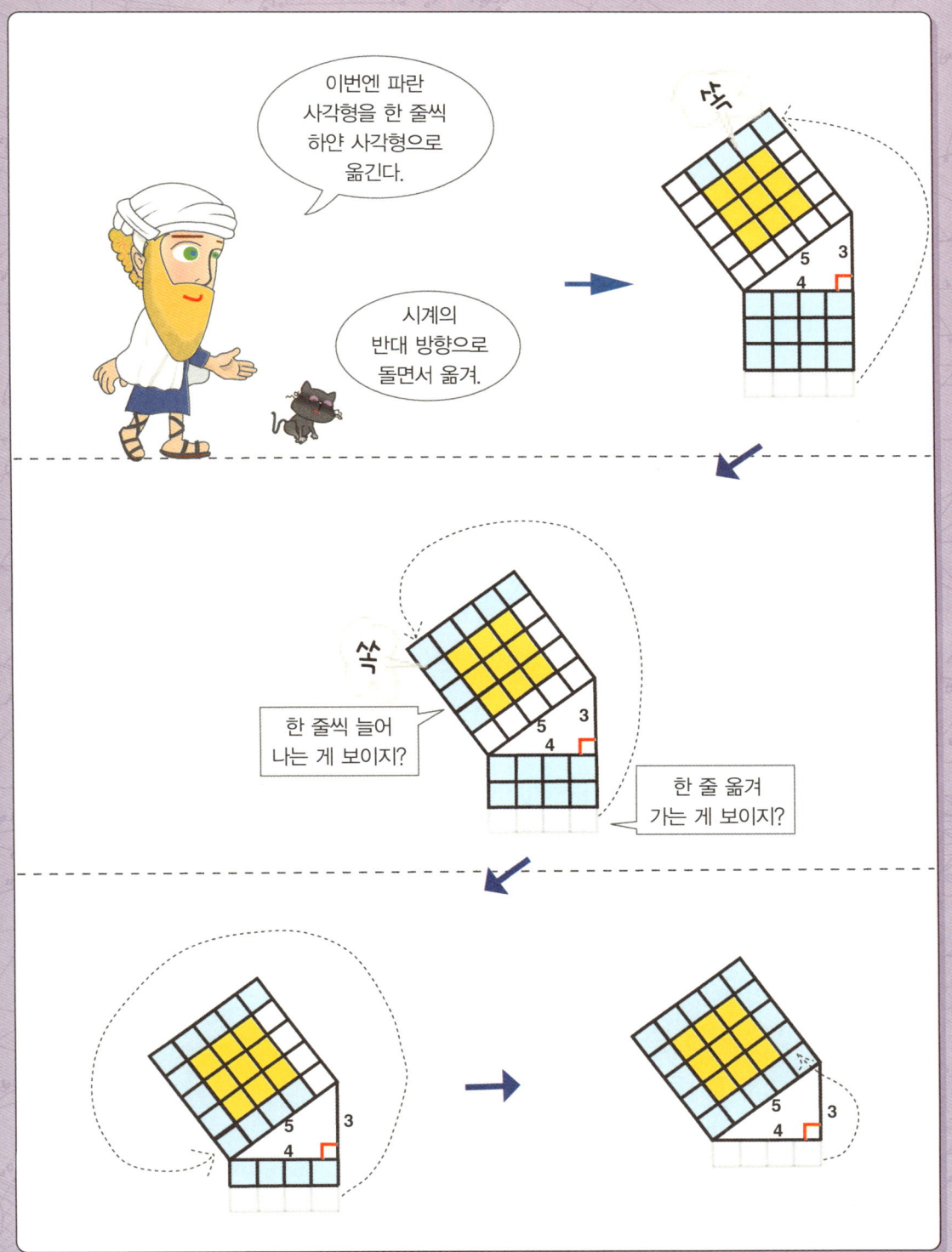

피타고라스는
맛좋은 포도주와 질 좋은 올리브로 유명한
풍요로운 섬 사모스를 떠났다.

늙으신 어머니, 그리고…
단 한 명의 제자와 함께.

2세기가 훨씬 지난 후에야
사모스 섬 사람들은

피타고라스가 수학자로서 쌓은
기초가 얼마나 튼튼하며
그가 없었더라면 현대의 수학도,
현재의 문명도 없다는 걸
뒤늦게 깨달았다.

그리고 폴리크라테스의 탄압으로
고통의 삶을 살아야 했던
피타고라스의 역사적 흔적을
사모스 섬 곳곳에서 찾아냈다.

그들은 사모스의 조상인 훌륭한 수학자를
대접하지 못했던 점을 반성하고
이제부터라도 세계인에게 제대로 평가 받게 해야 한다는
일념을 가졌다.

헤라 신전

헤라 신전(heraion)__
(기원전 538~522) 헤라를 모신 가장 중요한 신전이다. 증축을 해 오다가 독재자 폴리크라테스가 지배할 당시에는 길이가 108.7m나 되는 어마어마한 규모의 이오니아식 신전이 재건축되었다. 하지만 지금은 원래 높이의 절반이 없어진 채 원기둥 하나만 남아 있으며 1992년 피타고리온 유적과 함께 유네스코 지정 세계 문화 유산에 등록되었다.

1955년.
사모스 섬 사람들은 뒤늦게야
피타고라스를 기념하기 위하여
그가 태어난 도시 티가니를
'피타고라스의 마을'이라는 뜻을 가진
피타고리온으로 바꾸고
그의 동상을 세웠다.

그러자
세계 각국에서 수많은 관광객들이
세기의 위대한 수학자
피타고라스의 자취를 찾아
이 조그만 마을에
밀물처럼 몰려왔다.

이후
이 마을 전체가 호텔과 식당, 카페로
가득 찬 관광지로 변했다.
이는 현대에 와서 사람들이
수학에 얼마나 많은 관심을 가지고 있는 지를
단적으로 보여준다.

티가니란?
프라이팬이란 뜻인데 3면이 산으로 둘러싸인 지형으로 바람이 거의 없어서 여름에 뜨겁게 달아 오른 프라이팬처럼 덥다는 뜻으로 붙여진 이름이었다.

14. 고대 그리스 수학

그리스

그리스는 삼면이 바다로 둘러싸인 작은 반도인데다
험준한 산맥이 대부분인 까닭에
농사를 지을 수 있는 평야가 부족하였다.
그렇기 때문에 그리스인들은 일찍이 바다로 진출하였다.

생각해 보라.
프라이팬이라는 지명이 붙을 정도로 더운데
집에 있는 것보다 바람이 부는 바다에 나가는 편이
더 낫지 않겠는가.
따라서 여러 나라를 다니면서
무역을 하여 돈을 벌어 생계를 꾸리는 사람이 많았다.

고대에 수학을 발전시켰던 각 나라들은 각 민족들의 성격에 따라 좋아하는 분야를 발전시켰는데

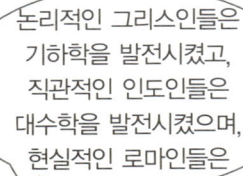

논리적인 그리스인들은 기하학을 발전시켰고, 직관적인 인도인들은 대수학을 발전시켰으며, 현실적인 로마인들은

건축이나 측량에 필요한 부분만 얄팍하게 가져다 쓰는 바람에 발전이 없었답니다.

진취적인 성격을 지닌 그리스인들은
바빌로니아와 이집트, 터키, 이탈리아 등
지중해 연안 지방에서 활발한 교역을 하며
주변국들의 문화를 거부감 없이
적극적으로 받아들이면서
여러 개의 식민지(마그나그라키아)를 건설하였다.

식민지를 발판으로 무역이 더욱 성하게 된 그리스는 이웃 나라와 교역을 하기 위해서 우선 각 나라마다 다른 화폐 단위와 물건을 세거나 무게를 재는 단위에 대해 알고 있어야 했고, 그에 따른 계산술의 필요성도 절절하게 느끼고 있었다.

"그래! 우리 이집트의 선진 문화와 학문을 배우러 왔단 말이지?"

당시 이집트나 바빌로니아는 계산술이 이미 발달된 선진국이었다. 이집트는 농업국가이므로 농사를 짓고 나일강을 다스리기 위해선 계산술이 발달할 수밖에 없었고, 바빌로니아는 귀족들에게만 이러한 계산술을 전수하며 이 기술을 백성을 다스리는 신비한 기술로 다루고 있었다. 그리스는 정치문화와 함께 이러한 수학문화를 흡수하는 중이었다.

"그래도 폴리크라테스 왕의 해군이 지중해를 장악하고 있으니 힘은 센 왕이야."

"순 해적질을 한다는데 그렇게 해서 지중해를 장악하는 건 반대야!"

하지만 무역을 하는 데 있어서 폴리크라테스 왕의 기록에도 나와 있듯이 해적질이 성행하여 힘없는 자는 가진 걸 모두 빼앗기기 일쑤여서 지중해는 힘있는 자의 세상이었다.

한편 피타고라스는 지중해를 장악한 폴리크라테스의 지배 영역을 벗어나기 위해 희미한 달빛 아래 별을 보고 방향을 잡으면서 삼킬 듯이 달려드는 파도와 싸우며

여러 날을 고생한 끝에 드디어 타란토란 곳에 도착하였다.

16. 알쏭달쏭 콩 문제

 장거리 여행 중에는 단백질을 보충하기가 힘들기 때문에 볶은 콩을 먹는 게 좋대요.

 콩이라…. 콩은 말이야, 수학을 설명하는 데 아주 적합한 곡식이야.

 이얏! 불 피우기 성공! 이제 조금만 기다리시면 드실 수 있어요.

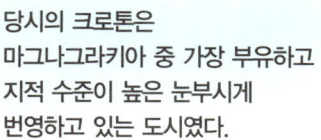

107

밀론(milon)

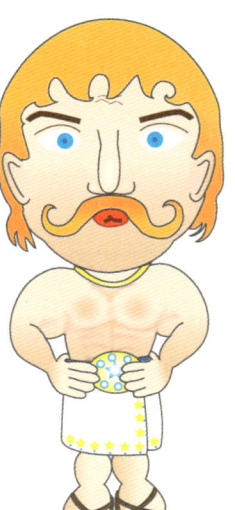

이름 : 밀론(기원전 6세기 후반)
국적 : 고대 그리스
직업 : 철학자, 수학자, 정치가

특징 : 고대 올림픽 역사상 가장 유명한 레슬링 선수. 기원전 540년에 청소년부에서 우승한 후 기원전 540~516년 사이에 6번 우승하였다. 그리스 문화권에서 열리는 모든 경기의 레슬링 종목 우승을 휩쓸어버린 몇 세기에 한 번 나올까 말까 한 신화적 괴력의 소유자.

부와 권력을 한 손에 쥐고 있었으며, 크로톤인의 존경을 한 몸에 받았던 당시의 유명 인사 피타고라스와는 절친한 친구이며 제자였다. 또한 밀론의 딸 테아노와 피타고라스는 결혼하였다.

왜 이런 이야기를 만들어 냈을까? 생각해 볼만한 이야기 하나

밀론은 이 만화의 내용에도 나오겠지만, 반대파들이 그의 집에 불을 질러 그 곳에 모여 집회를 하고 있던 많은 피타고라스 학파들과 함께 죽었다. 하지만 그의 죽음과 관련된 다른 이야기도 전해진다.
밀론이 어느 날 숲 속을 걸어가고 있을 때, 나무 그루터기 하나가 보였다. 순간, 그는 호기가 생겨서 맨 손으로 그 나무를 쪼개겠다고 했다. 그가 맨 손으로 나무를 내리치자마자 순간적으로 손이 나무의 갈라진 틈에 꼭 끼었는데, 아무리 애를 써도 낀 손이 빠지지 않는 것이었다. 어두워지도록 구조를 기다리고 있으나 결국, 숲에서 나온 사자의 습격을 받아 죽고 말았다는 내용이다.

이 이야기는 1670~1682년 피에르 푸제(Pierre Puget)가 "크로톤의 밀론"(Milon de Crotone)이라는 조각 작품을 만들어 더 유명해졌는데 온 몸에 힘이 빠져나가 사자에게 갈기갈기 몸이 찢기는 비참한 고통의 순간을 그대로 보여 주고 있다. 현재 프랑스 루브르박물관에 소장되어 있다.

1683년 프랑스 왕비는 이 조각상을 보고 이렇게 외쳤다고 한다.
"불쌍한 자여, 그대는 무엇 때문에 고통스러워하는가!"

크로톤의 밀론

당시 그리스의 일반적인 집은 다양하고 예쁜 타일과 목재 등을 이용해서 바닥을 장식했고, 안마당과 공방, 목욕탕, 우물 등을 갖추고 있었다.

19. 가위질과 바느질을 최소로 안 옷 만들기

그리스 시대에 입었던 옷 중 필로크라테스가 입은 옷은 가위질과 바느질을 최소로 하여 간단하게 만든 다음, 몸에 맞춰 적당히 주름을 잡아 입은 옷이다. 주름을 어떻게 잡느냐가 패션의 일부였다.

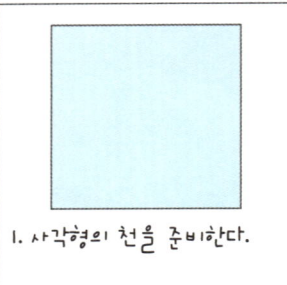

1. 사각형의 천을 준비한다.

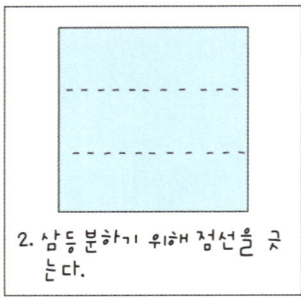

2. 삼등분하기 위해 점선을 긋는다.

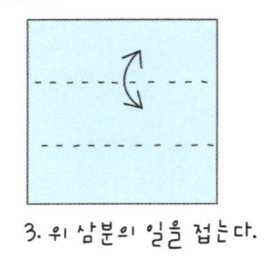

3. 위 삼분의 일을 접는다.

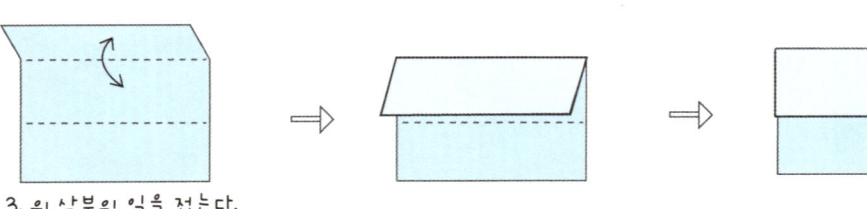

3. 위 삼분의 일을 접는다.

4. 이번에는 세로 방향으로 반을 접기 위해 이등분 표시를 한다.

5. 세로 방향으로 반을 접는다.

팔이 나올 수 있게 자른다.

어깨와 옆구리를 바느질로 붙인다.

입는 방법

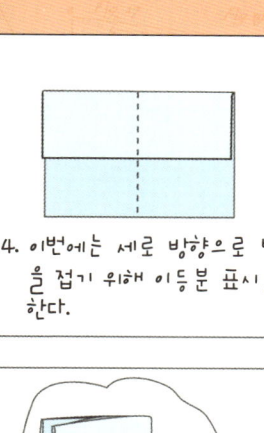

1. 그대로 입는다. 천의 무게로 인해 목에 자연스런 주름이 잡힌다.

2. 허리를 끈으로 묶어 적당히 주름을 잡아 입는다.

3. 어깨에 바느질을 성글게 한 뒤 쭉 잡아 당겨서 주름을 만들어 입는다.

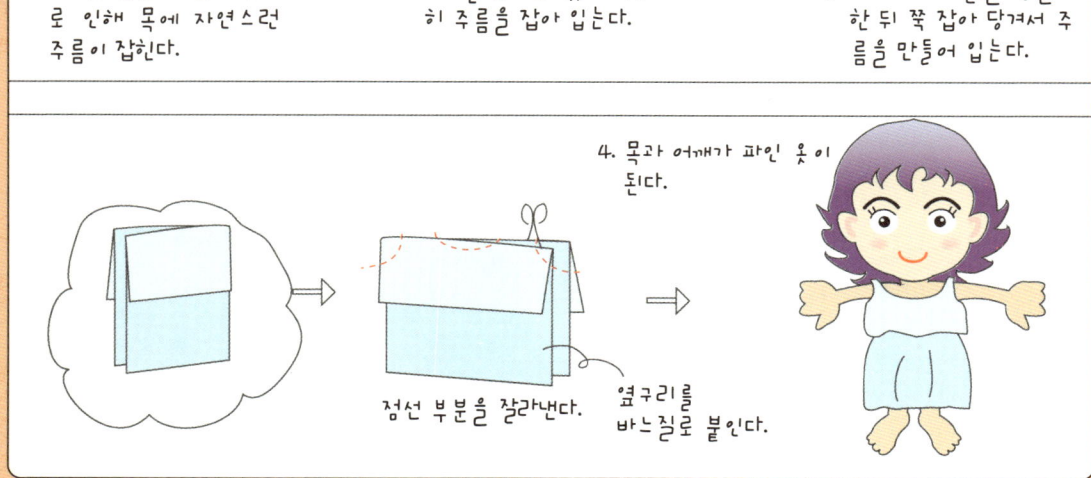

4. 목과 어깨가 파인 옷이 된다.

점선 부분을 잘라낸다.

옆구리를 바느질로 붙인다.

20. 드디어 학교를 열다

드디어 모든 준비가 끝나고 피타고라스가 학교를 열던 날 구름같이 몰려온 사람들로 학교로 사용하기 위해 개조한 극장은 발 디딜 틈이 없이 귀족들로 꽉 차버렸다. 그 중에는 소수의 여자들도 있었다. 물론 테아노도.

여러분! 드디어 오늘 피타고라스 학교가 문을 열었어요!

귀나이케움에서 옷감을 짜고 있는 그리스 여인

그 당시 그리스는 아직 남자 귀족 중심의 사회였다. 날씨는 쾌청하고 생산에 필요한 모든 노동은 노예들이 다 해결하였고 경제적으로 풍요로웠기 때문에, 남자들은 낮에는 한가로이 밖에 나가 식사를 하면서 친분을 쌓고 인맥을 만드는 여유로운 생활을 즐겼으며 주로 밤에만 집에서 보냈다. 반면에 여자들은 귀나이케움이라는 작은 방에서 옷감을 짜며 숨어 지내다시피 했었다. 그런 분위기에서 여자들이 피타고라스의 학교에 배우기 위해 왔다는 건 깜짝 놀랄만한 일이였다. 당시의 학문은 귀족 사회의 전유물이었는데, 그리스의 귀족들은 지나칠 정도로 논리적이었기 때문에 대수학은 소홀히 하고 그들의 구미에 맞는 기하학의 연구에만 치중하였다.

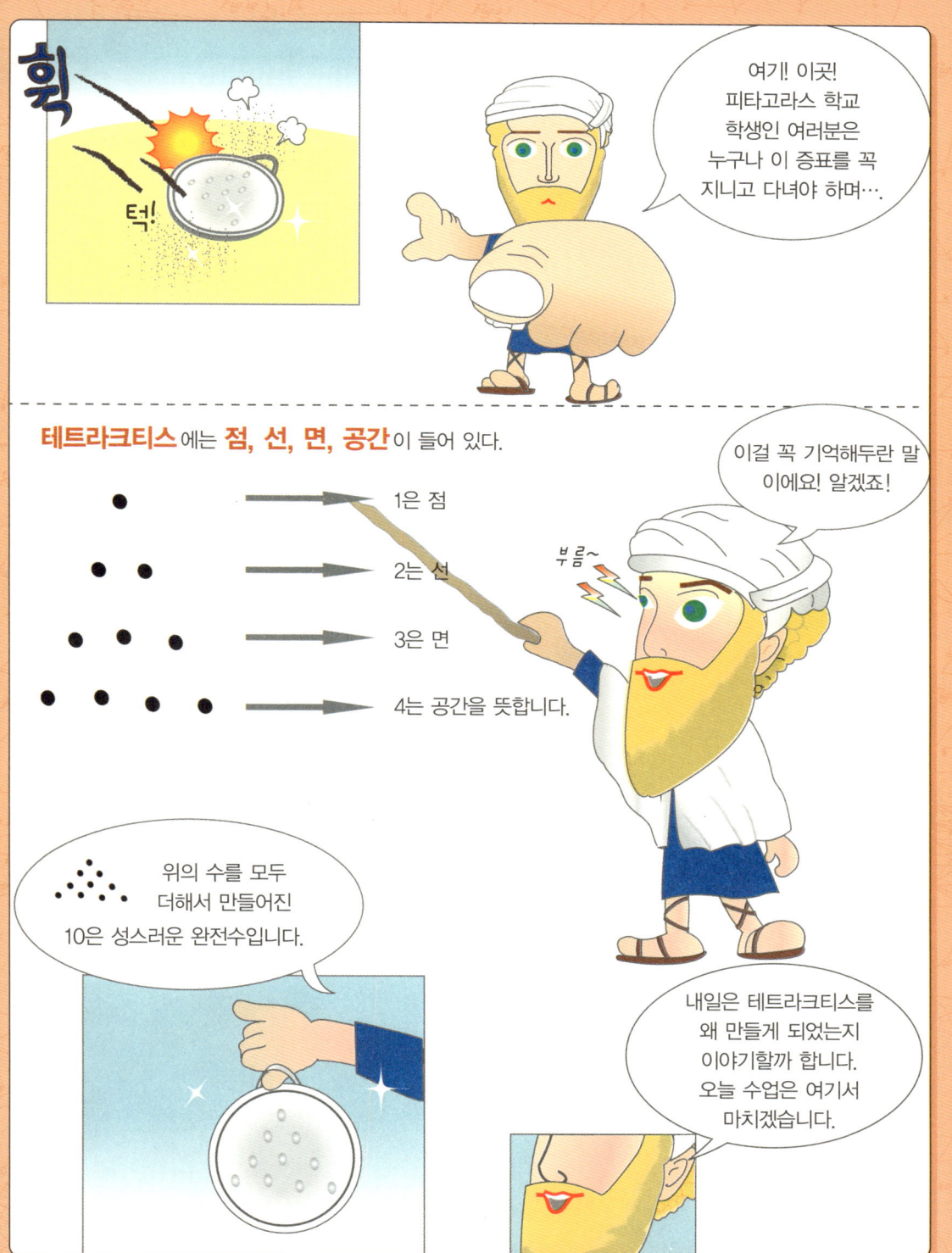

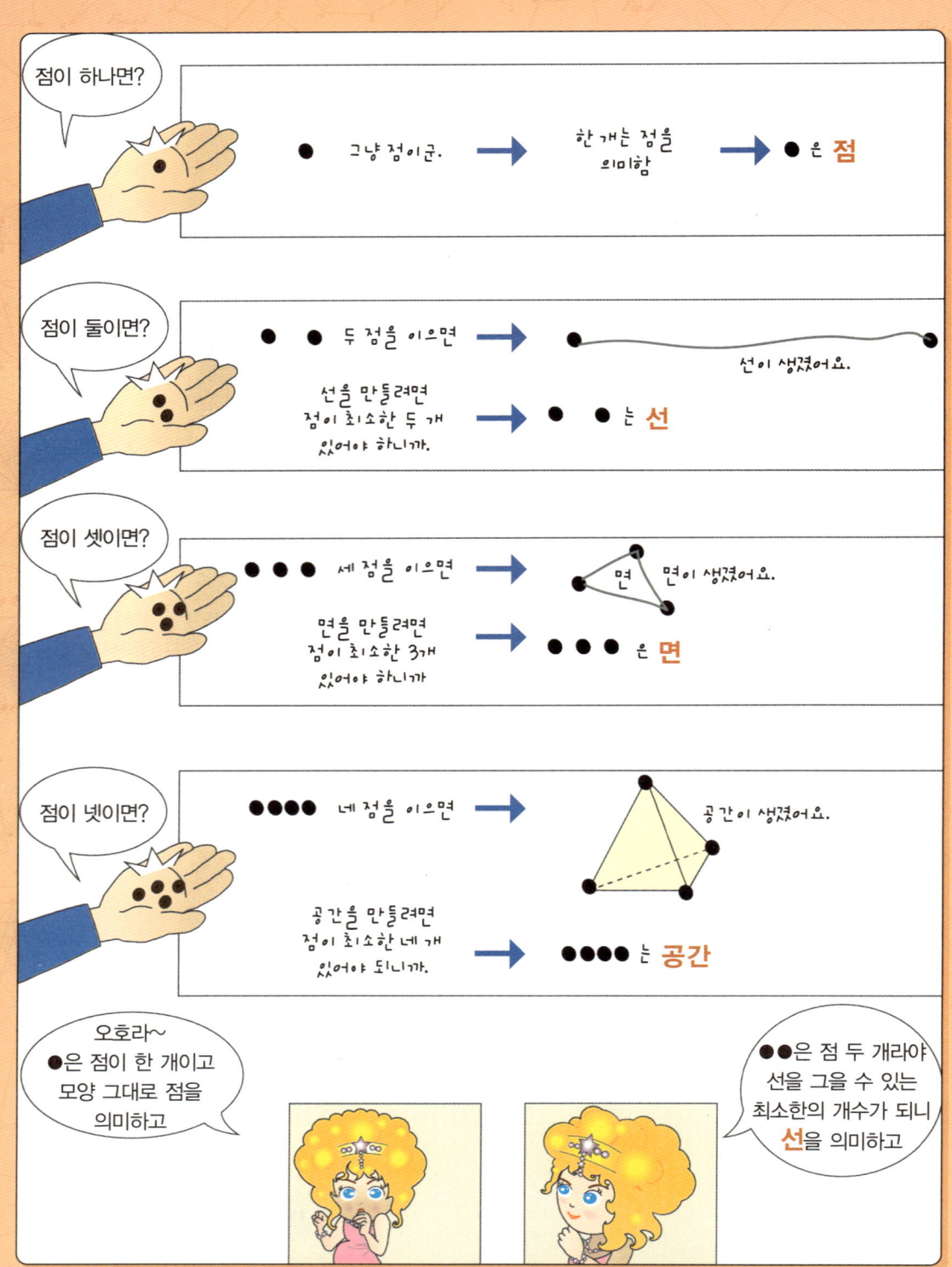

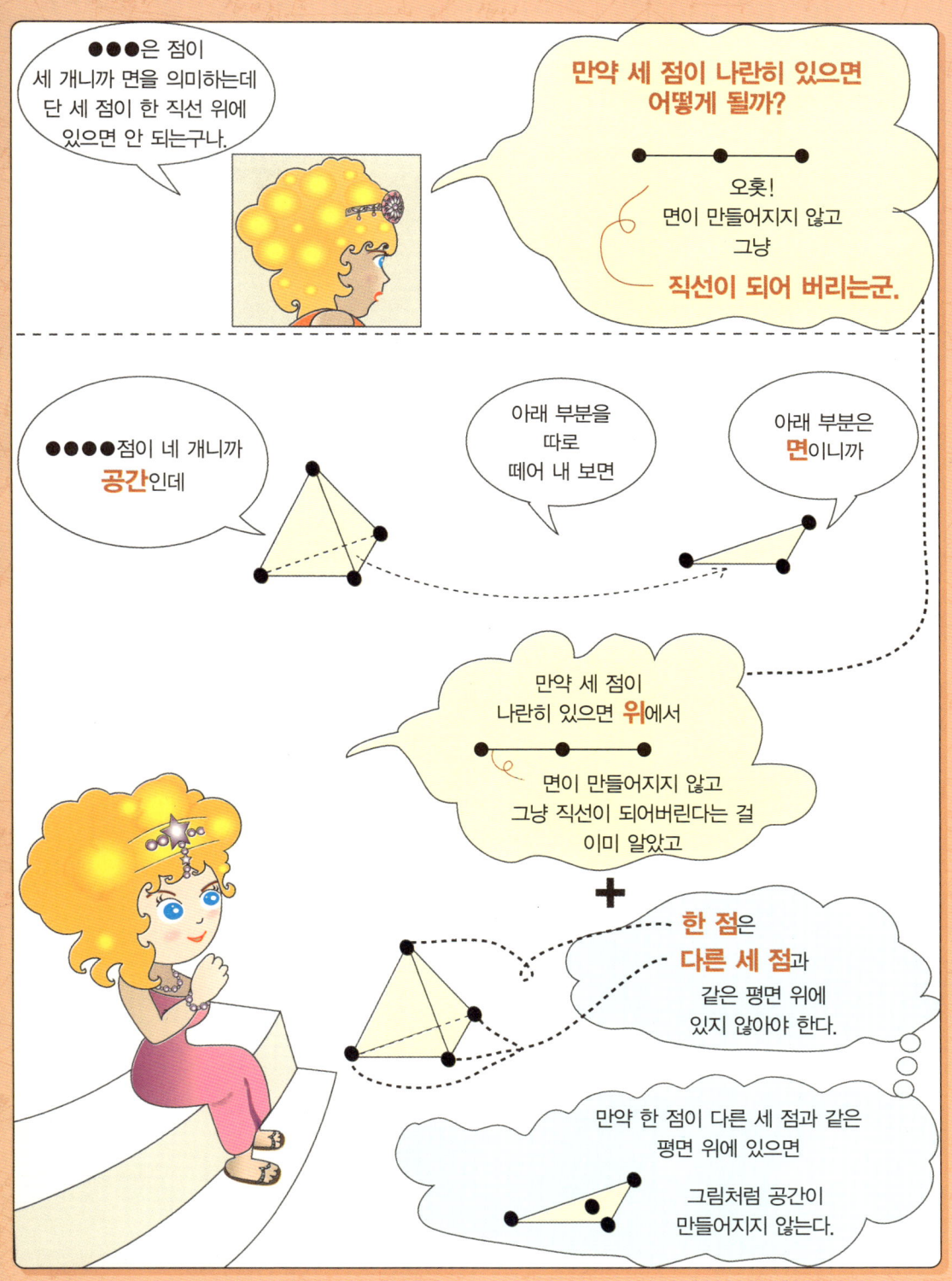

22. 점, 선, 면, 공간의 차원에 대한 정의

피타고라스시대에 점, 선, 면, 공간의 차원에 대한 정의를 내리기 시작하였고 최근에 아인슈타인은 시간과 공간을 초월하면 4차원의 세계에 갈 수 있다고 4차원의 세계를 정의하였다. 현대의 수학에서는 괄호 안에 숫자를 넣어 차원을 표시하기로 약속하였다.

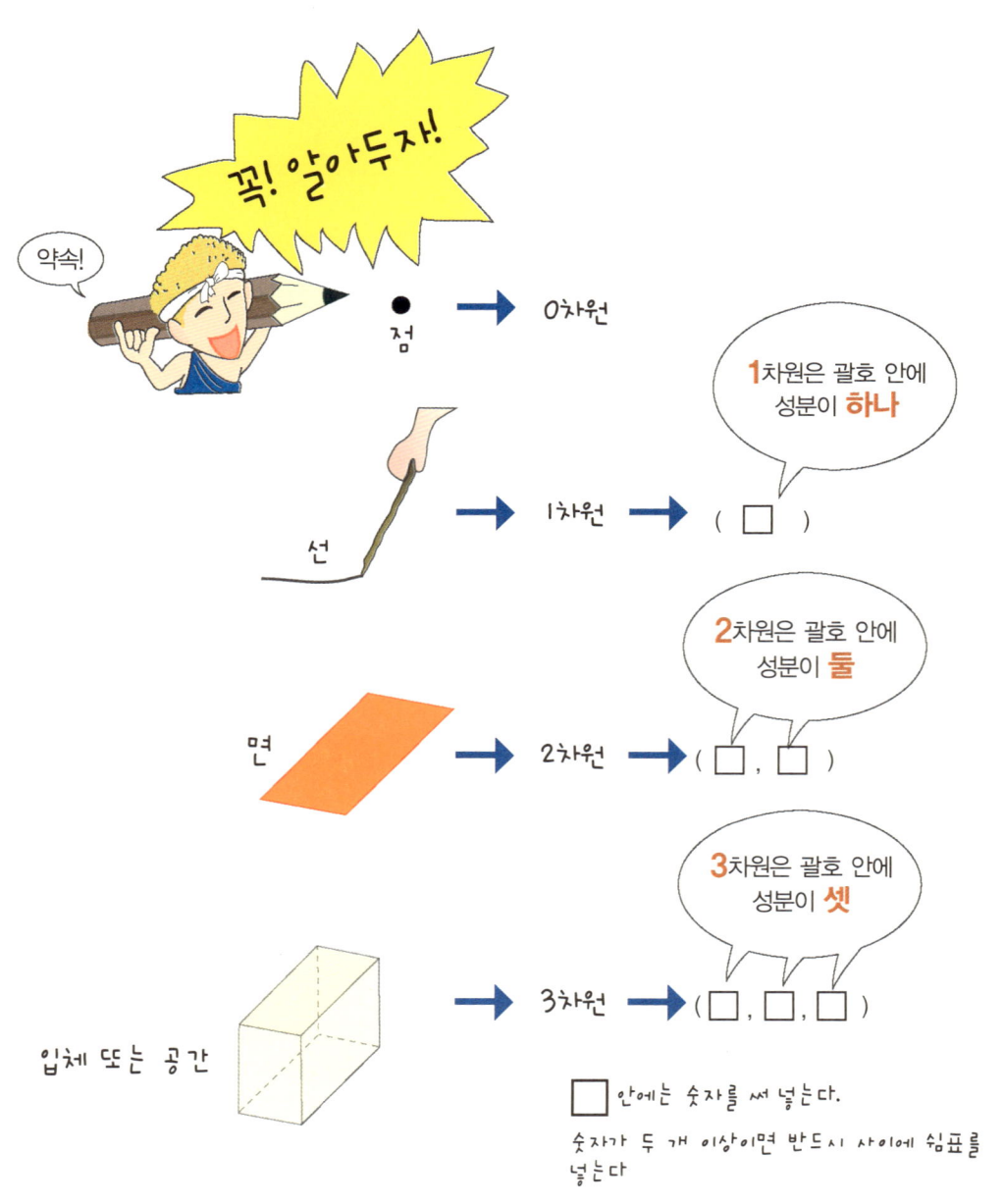

꼭! 알아두자!

약속!

점 → 0차원

선 → 1차원 → (□)
1차원은 괄호 안에 성분이 **하나**

면 → 2차원 → (□ , □)
2차원은 괄호 안에 성분이 **둘**

입체 또는 공간 → 3차원 → (□ , □ , □)
3차원은 괄호 안에 성분이 **셋**

□ 안에는 숫자를 써 넣는다.
숫자가 두 개 이상이면 반드시 사이에 쉼표를 넣는다.

24. 정다면체의 발견

"내가 이집트에 유학 갔을 때 이미…"

"이집트인들은"

정삼각형 4개를

이렇게 배열하여 붙여서

"드디어~~ 콩사마 님 일 냈다!"

툭!

정사면체를 만들고

정사각형 6개를 가지고

이런 모양으로 놓고 붙여서

정육면체를 만든 다음

136

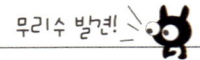

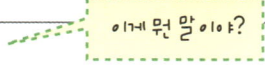

"꽃가면은 모가지"라고?

오일러(Leonhard Euler, 1707~1783)는 수학사의 역사상 가장 많은 저술을 하였는데 나중에는 눈이 멀게 되었지만 놀랄 만한 저술 활동을 계속 한 결과 '수학의 베토벤'이라 불리게 되었다. '오일러 공식' 또한 그의 업적이고, 피타고라스가 발견한 정다면체에 관한 것인데 그 내용은 다음과 같다.

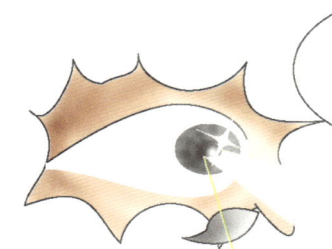

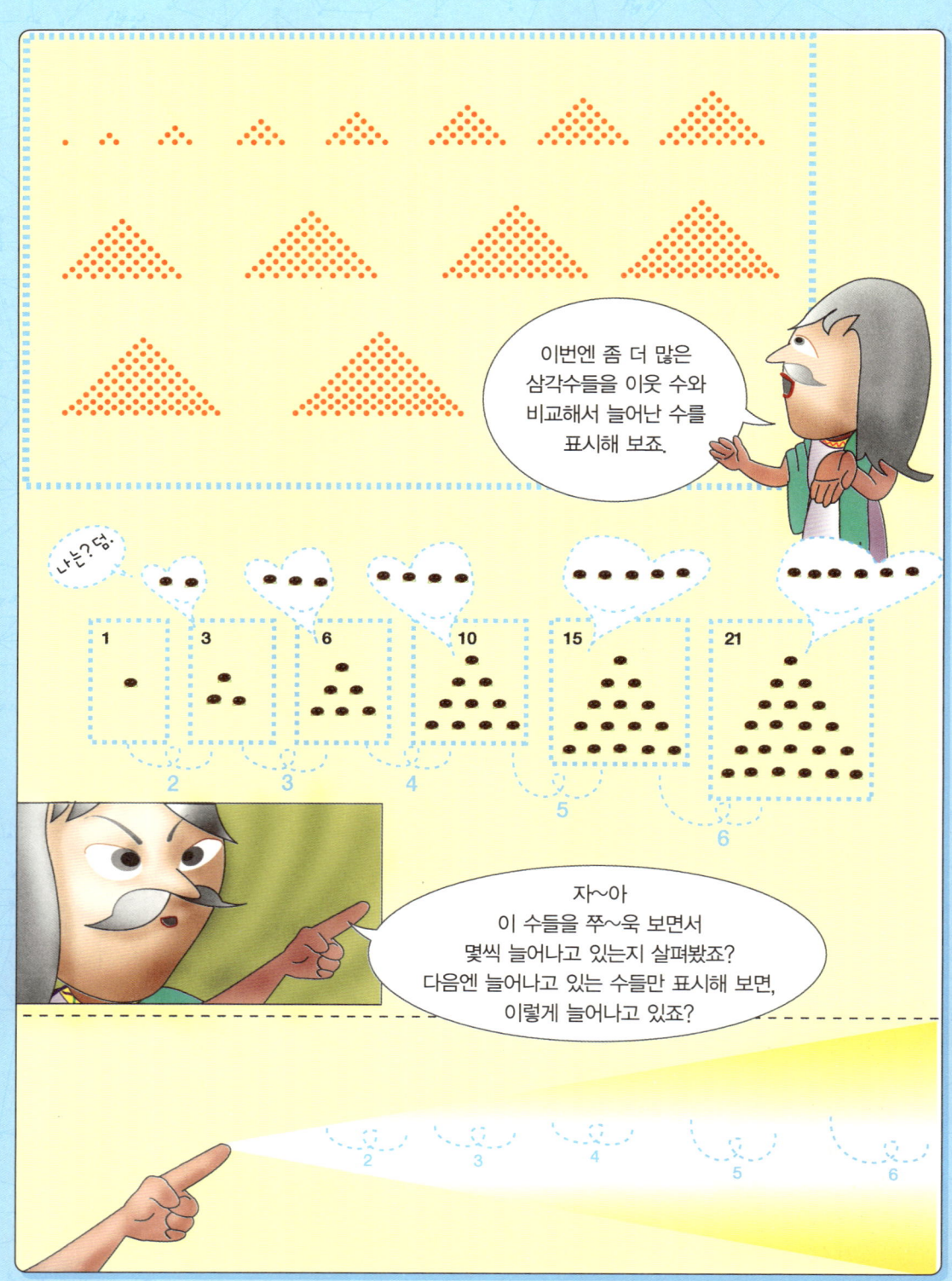

저런 식으로 예측을 할 수 있었기 때문에 술~술~ 써내려 갈 수 있었구나! 으~으~ 기 죽어. ㅜ_ㅜ

데모케데스의 치료소

사실 전 환자를 치료할 때에도 이와 비슷한 방법을 사용하고 있어요.

몇 회? 앓았는지?

열은 몇 회? 났는지?

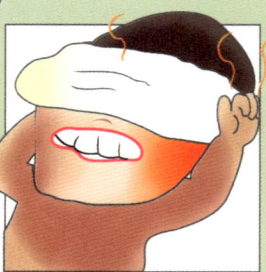

통증이 몇 회? 있었는지?

환자 히스토리
이름   테시우스
감기 … 3회
열 … 5회
설사 … 2회
복통 … 1회

이 환자가 이 병을 몇 회 앓았는지?
하루에 열이 몇 회 났는지?
출혈이 몇 번이나 있었는지?
통증은 얼마나 심한지?
하는 것들을 숫자로 기록해 두고
분석해 보면

퀼릭스(kylix)… 코타보스(kottabos)라는 귀족연회에서 하는 게임의 일종으로 술잔에 남은 술을 어떤 특정한 대상물에 뿌리는 놀이. 물에 띄운 술잔에 술을 부어서 가라앉히거나, 공중에 매단 천칭의 접시에 부어서 아래에 있는 물건을 맞히기도 한다.

167

28 인구가 급증할 때에는 시민의 삶이 달라졌다

피타고라스가 살았던 시대는 여러 가지 면에서 급변한다는 점이 지금의 시대와 아주 비슷하다고 한다. 특히 인구가 엄청나게 늘어난 평민들은 그들이 살 집과 편리한 생활을 위한 상하수도 시설, 도로의 건설 등을 요구하고 그 요구는 날로 거세어져 새로운 사회적 갈등을 예고하고 있었다. 따라서 그 때까지 신경 쓰지 않았던 일반 평민들의 삶을 고려해야만 했다. 그래서 짜내게 된 아이디어가 바로 개인주택 보다는 공공시설에 투자하자는 것이다. 그리하여 아고라(고대 그리스의 도시국가에서 도시의 중심에 위치하며 시민들이 모여서 정치, 예술, 생각 등을 토론하고 회의를 하던 곳)를 중심에 두고 바둑판 모양으로 집들이 직선으로 늘어선 반듯반듯한 도시가 설계되어 건설되었는데, 그것이 바로 그 유명한 프리에네(Priene) 시이며, 오늘날 세계 최초의 도시계획에 의해 건설된 도시로 기록되어 있다.

히포다모스(Hippodamos, BC 530~430)
밀레토스의 히포다모스는 세계에서 처음으로 도시계획을 하여 건설된 프리에네(Priene) 시를 설계했던 건축기사. 이런 건축 방식은 밀레토스 시를 비롯 이후 그리스가 세력을 넓혀 점령하게 된 식민지를 신도시로 건설할 때 적용되었다.

이곳은 프리에네(Priene) 시의 옛 유적지를 모델로 그린 것입니다.

수학은 말이지…. 기호의 학문이야.

내가 살았던 시대에는 구전으로 전했었지. 말로 했단 뜻이야. 그 다음에는 좀 줄여서 간략하게 쓰다가 마지막엔 기호로 압축하여 쓰게 되었는데. 기호를 쓰면 간단하게 정리할 수 있지. 요렇게 3단계를 거쳐 발달하게 된 거야.

제일 많이 쓰이는 4칙(+, －, ×, ÷)과 등호(=)는 어떻게 쓰게 되었을까?

+, － 부호는 1489년 독일의 수학자 비트만(Widman)의 저서 "산술 교본"에서 처음 등장하는데, +(덧셈 기호)는 더한다는 뜻의 라틴어 et를 줄인 것이라 한다. －(뺄셈 기호)는 뺀다는 뜻의 minus를 뒷 글자는 떼어 내고 맨 앞 글자 m만 쓰다가 그것도 빠르게 쓰다 보니 "－" 모양으로 되어 버렸다 한다.

×, ÷ 기호는 각 각 1631년과 1668년 윌리엄 오트리드와 존펠이 처음으로 사용했다. 등호는 1557년 로버트 레코드(R Recorde)가 쓴 대수학 책 『지혜의 숫돌』에서 최초로 사용했다.

177

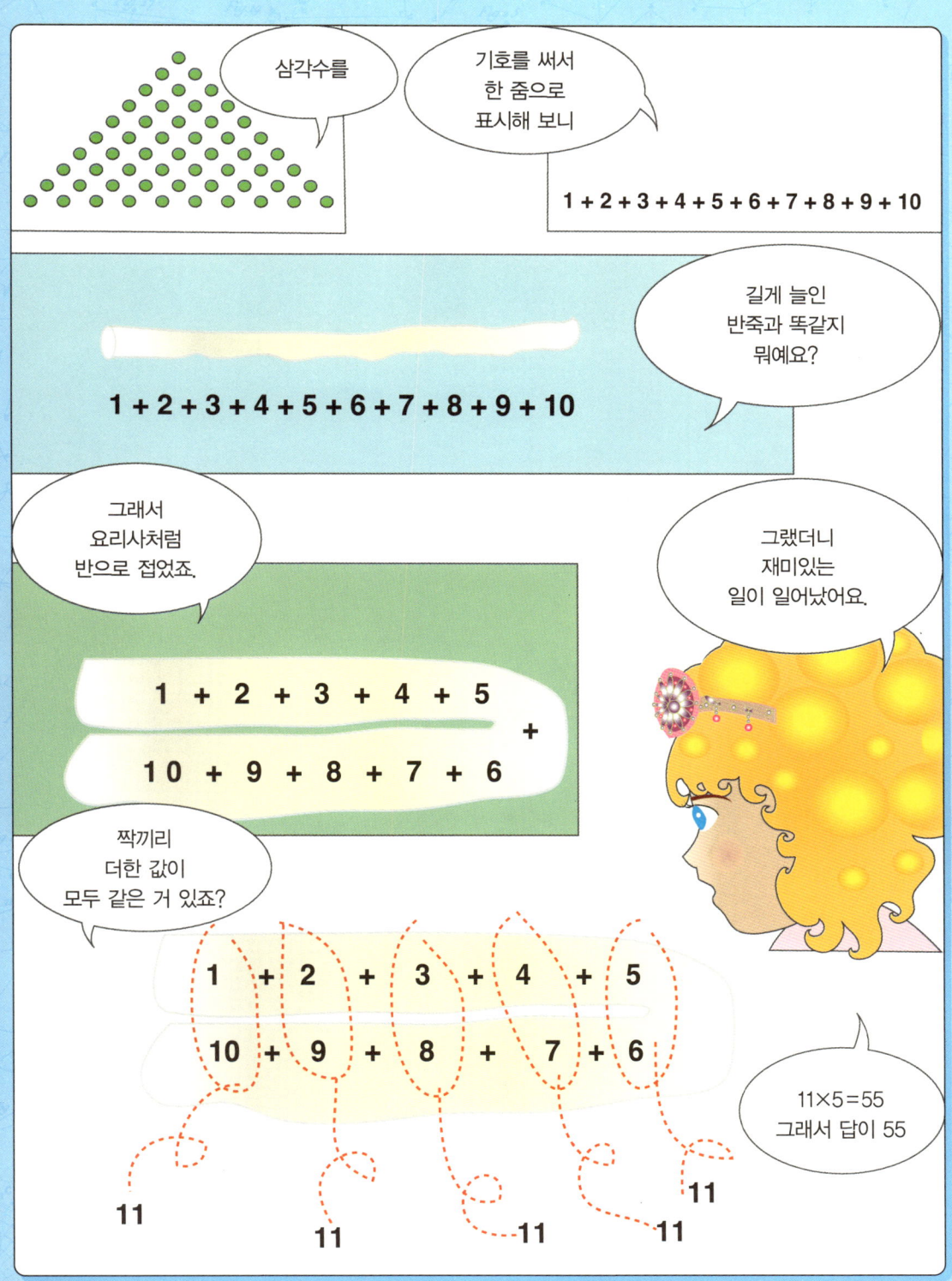

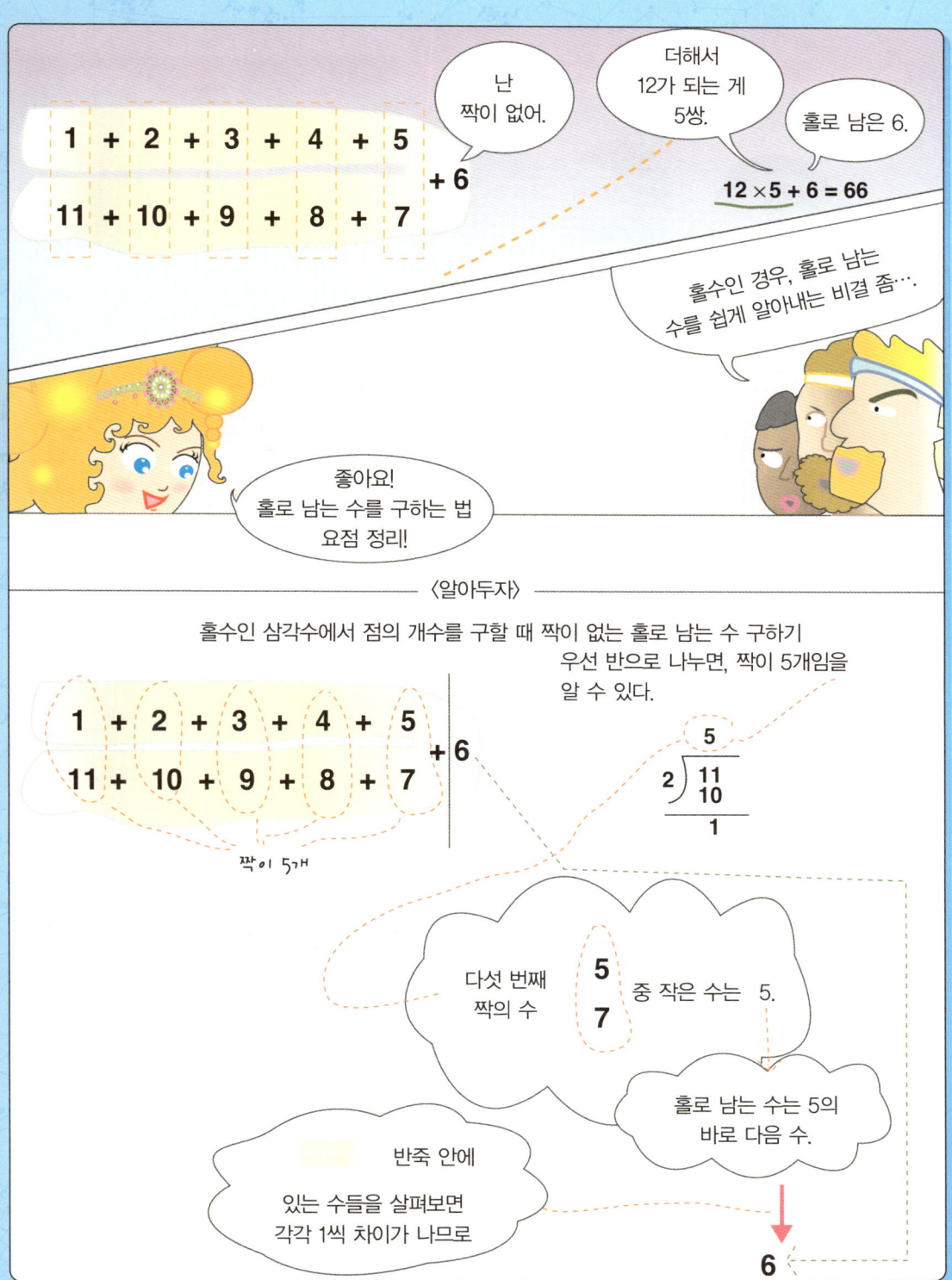

31. 공부 잘하려면 에빙하우스의 기억곡선

"그러나 어쩌랴!"

"별것 없는 비결이라구?"

이렇게 여겨져서 찌그러져 있던 아리스타이오스 님의 공부 잘하는 비법은

그로부터 2,300여 년 후

독일의 심리학자인 에빙하우스가 과학적으로 증명했다. 이름하여 에빙하우스 기억곡선

"내가 16년간이나 시험 연구한 결과라우."

에빙하우스는
16년간 인간의 기억력을 시험하여
그림을 그렸더니 왼쪽 곡선과 같았다.
이걸 해석해 보면,
사람 머릿속에 있는 담은 것들은
1시간 후에 50%,
24시간 후에 70%가
기억에서 사라진다는 것이다.

에빙하우스
(Hermann Ebbinghaus, 1850~1909)

에빙하우스의 기억곡선

그러니까 한번에 모아서 복습하는 것은 좋지 않다는 것이다. 1~2시간 내에 그때그때 복습하면 좋고 그것이 가능하지 않다면 방과 후 바로 복습을 하는 게 좋다.

"그날 배운 걸 그날 복습하자!"

피타고라스는
아무 것도 기록으로 남기지 못하게
했었기 때문에
테아노가 이런 방법으로
계산했다는 기록은 없다.
그렇다면

역사에 기록된 사람은 과연 누구일까?

이로부터 2,200여 년 후
1777년 독일의 브룬스빅에서
가우스라는
수학 신동이 태어났다.

가우스
(Carl Friedrich Gauss, 1777~1855)

10세가 되었을 때 수업시간에 1부터 100까지 더하는 문제
1 + 2 + 3 + 4 + 5 + ⋯ + 97 + 98 + 99 + 100를
거의 즉시 암산으로 정확하게 계산했는데,
바로 앞에서 설명한 방법이었고
이런 방법으로 계산을 한 최초의 인물로
역사의 기록에 남게 되었다.

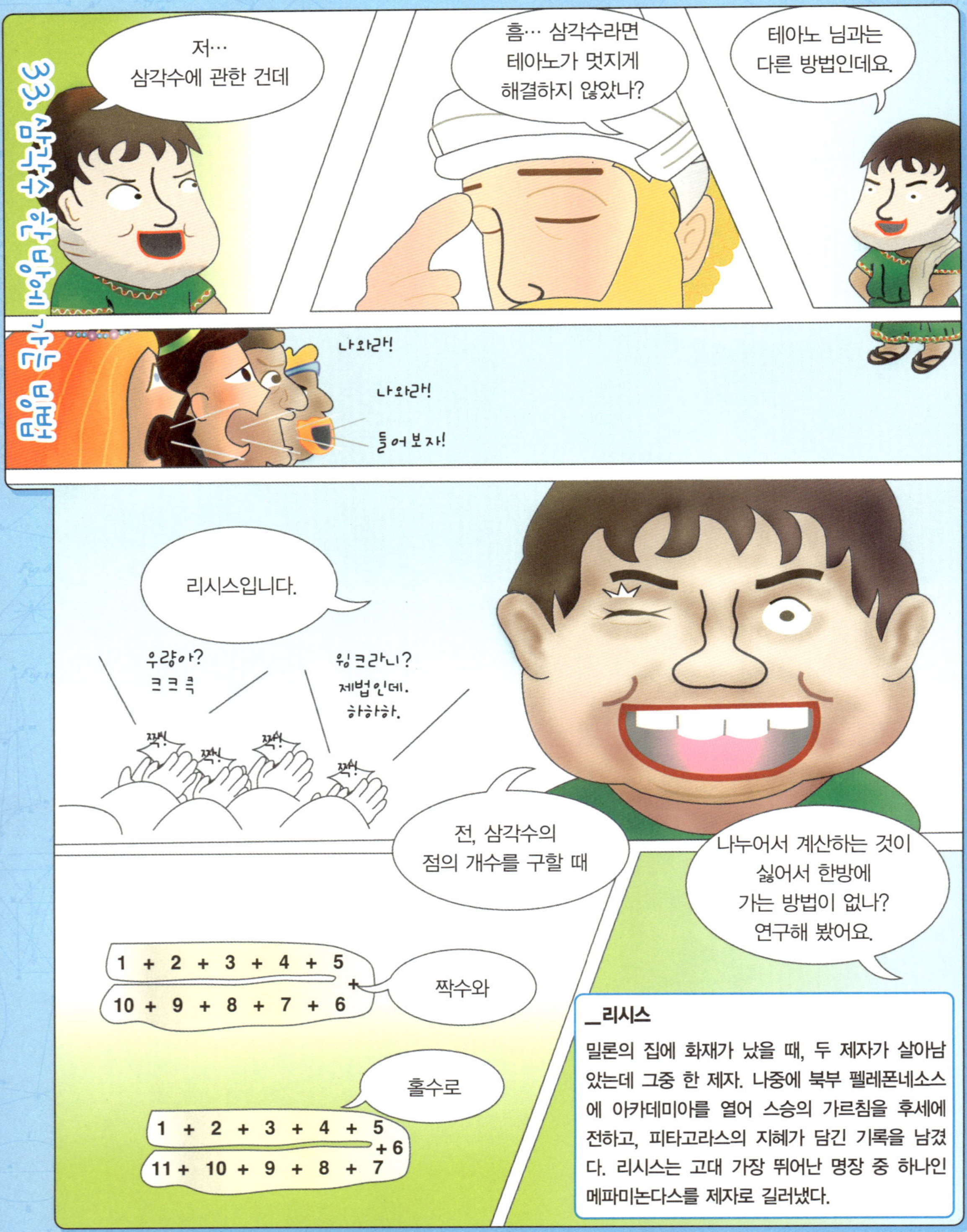

34. 삼각수의 합의 개수 구하는 법 2가지

방법 1. 초등학교에서 배우기 시작하는 삼각수의 합은 나중에 고등학교 과정에서 나오는 수열의 합을 구하는 공식을 구하는 기본이 되므로 한 번 알아두면 수능까지 대비할 수 있다.

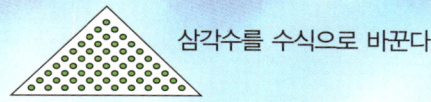

삼각수를 수식으로 바꾼다.

1. 반으로 접는다.
2. 짝수와 홀수로 나눈다.

짝수일 때

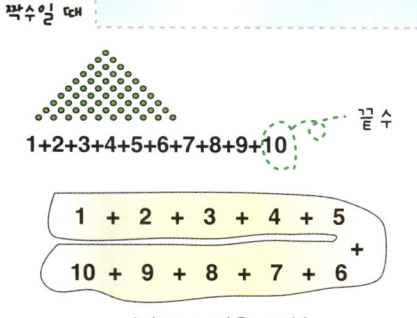

1+2+3+4+5+6+7+8+9+10 ← 끝 수

```
  1 + 2 + 3 + 4 + 5
 10 + 9 + 8 + 7 + 6   +
```

〈반으로 접은 모습〉

※ 마주 보는 수를 관찰해보면 그 합이 같고 끝수의 반만큼 쌍이 생긴다.

- 마주 보는 수를 더한다. ····· 모두 각각 11이 된다.
- 끝 수의 반만큼 쌍이 생긴다. ······· 10÷2=5쌍
- 11이 5쌍이므로 ···················· 11×5=55

답: 55

홀수일 때

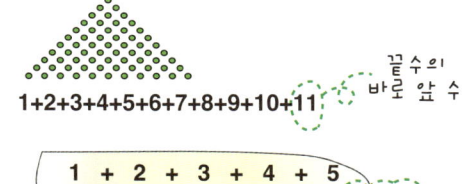

1+2+3+4+5+6+7+8+9+10+11 ← 끝수의 바로 앞 수

```
  1 +  2 + 3 + 4 + 5
                      +6  ← 남은 수
 11 + 10 + 9 + 8 + 7
```

〈반으로 접은 모습〉

※ 마주 보는 수를 관찰해 보면 그 합이 같고 끝수의 반만 큼 쌍이 생기는데, 남는 수가 하나 있다.

- 마주 보는 수를 더한다. ·········· 모두 12가 된다.
- 끝 수의 바로 앞 수의 반만큼 쌍이 생긴다.
   ······························ 10÷2=5쌍
- 12가 5쌍이므로 ···················· 12×5=60
- 남은 수 ······················· 6을 더한다.
   60+6=66 답: 66

방법 2.

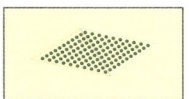 → 1+2+3+4+5+6+7+8+9+10

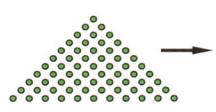 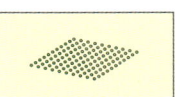 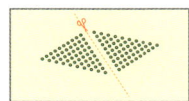 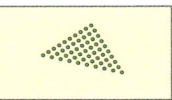

삼각수 2개 붙이기   사각형 모양   둘로 나눈다.   답: 55

1. 먼저 똑같은 삼각수를 2개 붙여 사각형 모양을 만든다.
2. 한 줄의 개수 × 줄 수 = 10 × 11 = 110
3. 110 ÷ 2 = 55 (둘로 나눈다.)

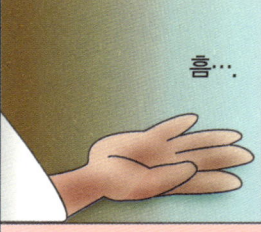
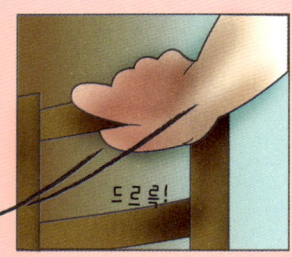

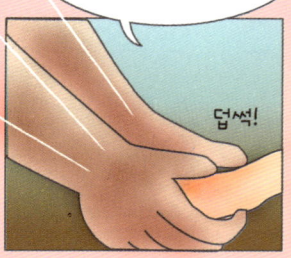

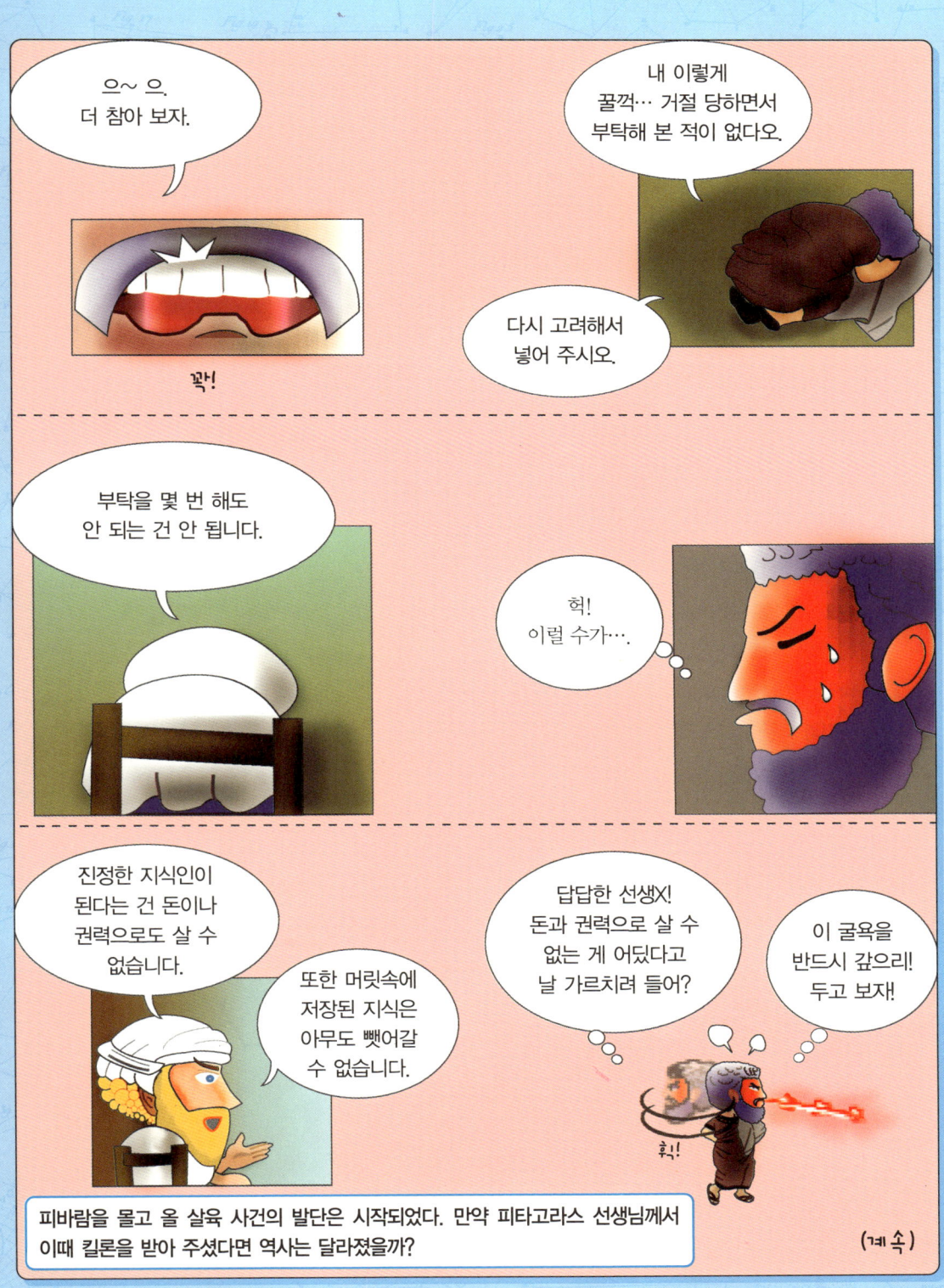

정다각형

피타고라스가 살았던 시대의 주택은
안마당을 여러 개의 방들이 둘러싸고 있는 열주식 건물로서
바닥을 돌이나 모자이크로 하는 게 유행이었다.
집 안쪽은 휘장, 테피스트리, 양탄자, 벽화로 장식했다
또한 시각적으로 주변 건물이나 나무, 산 등과
조화를 이루는 아름다운 주택을 만들었다.

당시의 그리스인들은
기와, 타일도 만들어서 사용하고 있었으며,
집집마다 독특한 타일로 장식하기 위해,
바닥을 빈틈없이 메울 수 있는
크기와 모양이 같은 정다각형에도 관심이 많았다.

그런 정다각형으로는

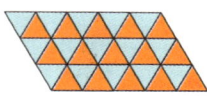      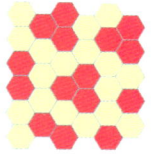

정삼각형   정사각형   정육각형이 있었다.

정다면체

한편 당시의 수학자들은
대칭성이 있는 도형이 아름답다고 생각하였다.
그래서 대칭성을 가지고있는 정다면체에 관심을 가지고 연구하였다.
그리고,

정사면체

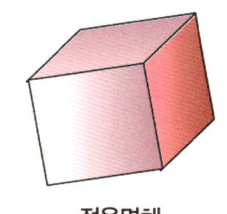
정육면체

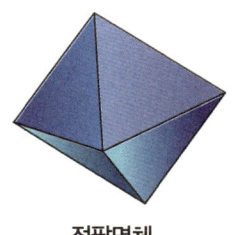
정팔면체

정사면체, 정육면체, 정팔면체는
이미 이집트인들이 이 시기에 알고 있었다고 추측된다.

그 외에
정십이면체와 정이십면체는
피타고라스학파에서 발견하게 되었다.
이 정다면체를 우주관과 접목시켰으며
특히 정십이면체를 우주관과 접목시킨 결과로
12간지와 황뢰 12궁이 있다.

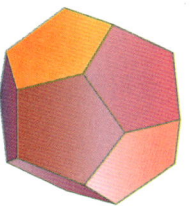

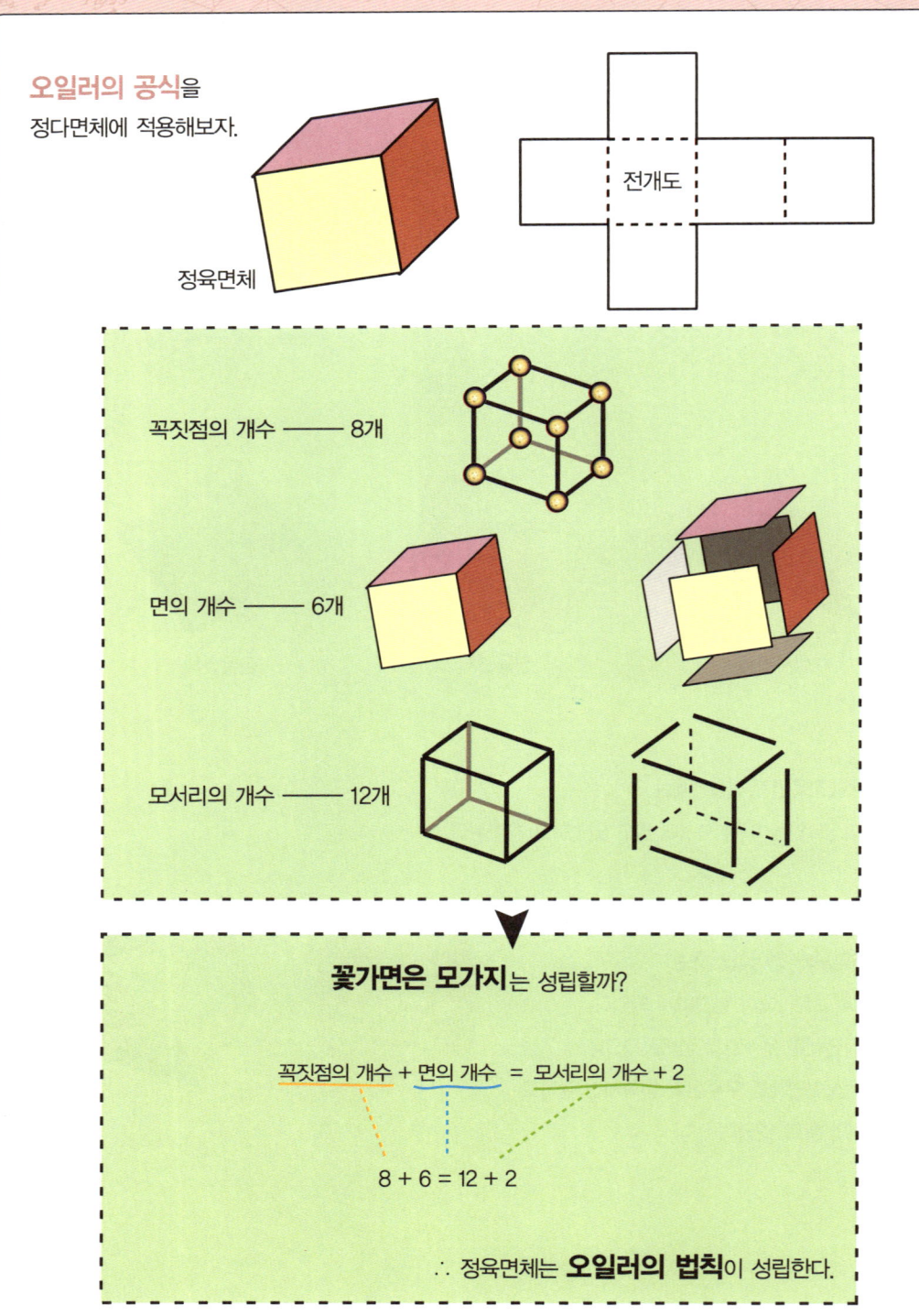

오일러의 공식을
정다면체에다 적용해보자.

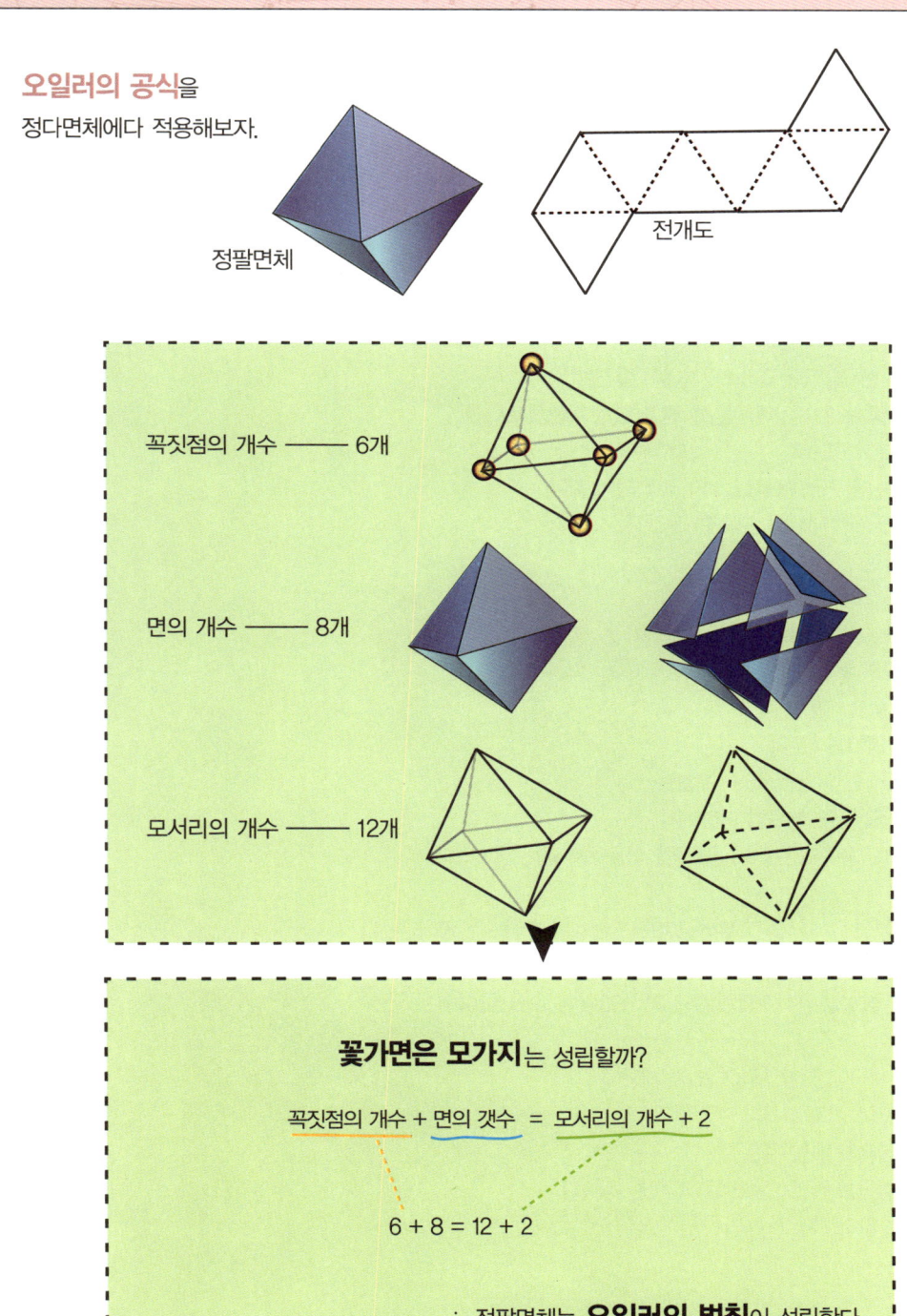

정팔면체   전개도

꼭짓점의 개수 ——— 6개

면의 개수 ——— 8개

모서리의 개수 ——— 12개

꽃가면은 모가지는 성립할까?

꼭짓점의 개수 + 면의 갯수 = 모서리의 개수 + 2

6 + 8 = 12 + 2

∴ 정팔면체는 **오일러의 법칙**이 성립한다.

현실에서 존재하는 정다면체

피타고라스가 선물한 축구공

현실에서 존재하는 정다면체로는
정육면체인 소금의 결정체나 꿀벌의 집,
정팔면체인 다이아몬드
2500여 년 전, 피타고라스학파에서 발견한
정이십면체는 21세기에 각광을 받고 있는 다면체로서
관심을 끌고 있는데,
그 종류는 축구공, 프롤렌, 바이러스 등이 있다.
그럼 축구공에 대해서 알아보기로 하자.

축구공은 2006년 월드컵에선
아디다스 사의 팀가이스트(Timgeist)가
독일 FIFA 월드컵 공인구로 지정되었다.

그러나 1970년대부터,
대한민국 국민이라면 잊을 수 없는
2002 한국/일본 월드컵 이전까지
사용되었던 축구공은 정이십면체를 이용해서 만든 것이었다.

1930년부터 "Tiento"로부터 2006년 현재까지 월드컵 공식구는
사람이나 애완동물처럼 이름이 있다.
2002년 월드컵 공식구의 이름은 피버노바(fevernova)이다.

이 책이 축구에 관한 책이 아니기 때문에
공이름은 이 정도로 하자.
우리가 궁금해야 할 것은
어떻게 이 정이십면체를 만들었나하는 점이다.
지금부터 알아보자.

정이십면체의

각 모서리를 삼등분하고

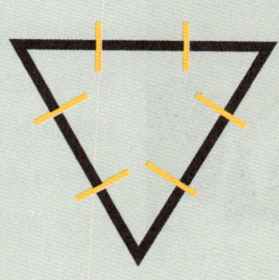

1/3을 잘라낸다.

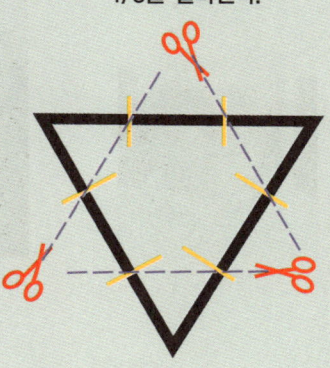

잘라내고 나면 정육각형이 남는다.

그러면 각 꼭짓점에는 5개의 면이 모이게 되고, 꼭짓점의 개수만큼 12개의 정오각형 면이 새로 생긴다.

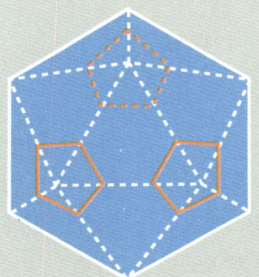

그러면, 잘라내기 전에는 정삼각형이었던 20개의 면은 잘라낸 후, 정육각형이 된다.

이렇게 잘라내고 붙이고 하는 과정을 모두 끝내고 나면, 꼭짓점이 60개이고 모서리가 90개인 공(구)에 더욱 가까운 원래의 축구공으로 사용하려는 목적에 근접한 '끝이 잘린 정이십면체'라는 새로운 입체가 탄생한다. 마지막으로 여기에 바람을 빵빵하게 넣고 축구를 하면 된다.

이제까지의 축구공은 32개의 조각(패널)을 붙여 만들었으나, 2006년 팀가이스트는 14개의 조각으로 대폭 줄였다.

이와 같이 2500여 년 전의 피타고라스학파는 그들이 발견한 정이십면체가 축구공으로 변신하여 온 세계인을 열광시키는 즐거움을 선물하면서 21세기까지도 영향을 끼치고 있다.

"미리맨" 신소재의 제왕

크로토 교수

리처드 스몰리 교수

1985년
미국의 리처드 스몰리 교수와
영국의 크로토 교수는
실험실에서 신기할 정도로
축구공과 똑같이 닮은
분자를 발견하였다

[플러렌]

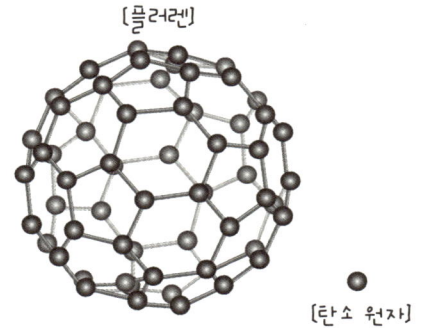

[탄소 원자]

[축구공]

60개 꼭지점 위치에 탄소 원자가 앉아 있어서 C60이라고 표시되는 이 물질은 높은 온도와 압력에도 모양이 변하지 않고 어떤 충격에도 끄떡하지 않는다는 점이 수 없이 발에 채여도 잘 견디는 축구공과 닮아서 일명 "실험실의 축구공"이라 불린다.

이 분자는 벅 민스터플러렌(buck minsterfulle-rene)라고 부르게 되었는데 둥근 천정건물을 연구하는 건축가 벅 민스터 플러(R. Buckminster Fulle)의 이름을 딴 것이었고, 간단히 "플러렌"이라고 부른다.

우리의 삶을 놀라울 정도로 바꿔 놓을 수 있는 플러렌의 발견으로 그들은 1996년노벨 화학상을 받았다.
플러렌의 발견으로 나노 기술은 급속도로 발전하고 있다.

플러렌을 이용하여 나노튜브를 만들고 나노튜브를 이용해서 고성능 반도체, 초전도체, 마이크로 로봇 등을 만들고 있으며, 특히 우리나라의 삼성이라는 기업에서 개발한 박막 텔레비전은 세계적으로 유명하다. 또 플러렌에 나노 기술을 이용하여 의약품을 담아서 몸속에 넣어 치료하거나 몸속에 들어가서 아픈 곳을 촬영한다던가 뇌를 수술하지 않고 치료할 수 있는 방법 등을 연구하고 있다.

그가 태어난 것은 1895년이지만 그는 "진정한 21세기인"이라고 할만큼 21세기에 영향력을 가지고 있다.

그를 모르고서 어찌 21세기를 성공적으로 살아갈 수 있을까?

R. Buckminster Fulle(1895~1983)
벅 민스터 풀러는 둥근 천정건물을 연구하는 건축가라고 알려져 있지만, 그의 직업은 발명가, 건축가, 엔지니어, 수학자, 시인이면서 또한 우주론자이다.

"실험실의 축구공"이라 불리우는 C60분자에
그의 이름을 붙였다는 건
"피타고라스가 선물한 실험실의 축구공"에서 이미 언급한 바 있다.
그럴 정도로 21세기에 주목 받는 독창적인 여러가지 발명을 했다.

그는 축구공 모양의 건축물을 연구하고 설계하였는데 1967년 엑스포의 미국관이 지어졌고 우리나라엔 2002 월드컵 상암경기장이나 서울랜드에 가면 볼 수 있다.

1967년 엑스포의 미국관
(지금은 몬트리올의 세인트 헬렌에 있다.)

축구공을 닮은 둥근 천정건물을 측지학 돔(geodesic dome)이라 하는데, 가볍고 강하면서 적은 비용으로 빠른 시간에 건축이 가능하다. 또한 커질수록 이에 비례해서 더 가볍고 더 강하게 만들 수 있다. 이렇게 장점이 많으니 어찌 주목 받지 않겠는가?

그는 1956년 "'옥텟트러스'라는 정사면체와 정팔면체를 엮어놓은 구조를 개발하였는데, 지하철 1호선 신도림 역과 7호선 신대방삼거리 역의 천장이 이런 구조로 되어 있다.

축구공을 닮은 둥근 천정건물

이 구조는 가벼우면서도 튼튼하다는 장점을 가지고 있다.

그 동안 높은 치사율로 인간을 죽음에 이르게하는 병균 바이러스 중 '사스(SARS)'라는 괴질을 전자 현미경으로 들여다 보면, 20개의 정삼각형으로 이루어진 정이십면체에 가까운 형태를 하고 있다 한다.

정이십면체의 모양을 하고 있는 바이러스

바이러스는 유전 물질인 DNA나 RNA가 단백질 껍데기에 싸여 있는 구조인데, 그 단백질 껍데기가 바로 정이십면체에 가까운 모양을 하고 있는 것이다.

피타고라스가 선물한 "축구공"과" 실험실의 축구공을 읽었다면, 정이십면체가 얼마나 튼튼하고 안전한 구조인지 눈치 챘으리라. 눈치 채셨다면 그래서 치료가 힘들다는 것도 알 수 있을 것이다.

그동안 3차례에 걸쳐 올린 글을 보면 알 수 있듯이 정이십면체는 수학뿐만 아니라 물리학이나 전자공학, 생물학, 의학 등의 다른 분야에도 큰 영향을 미치고 있고 나라의 경제에도 역시 큰 영향을 끼치고 있어서 21세기를 살아가려면 필히 알고 있어야한다.

그렇다! 장차 수학을 전공하지 않는다해도 수학의 한 분야인 정다면체에 대해서 공부해 두면 건축물이나 나노기술을 이용한 제품들, 신약 개발, 의학분야 등에서 활약하게 될 때 유리하다는 것을 강조해 두고 싶다.

184쪽의 문제 풀이

물론 185쪽에 풀이는 이미 설명되어 있지만 이번에는 약간 다른 방법으로 풀어 보자.

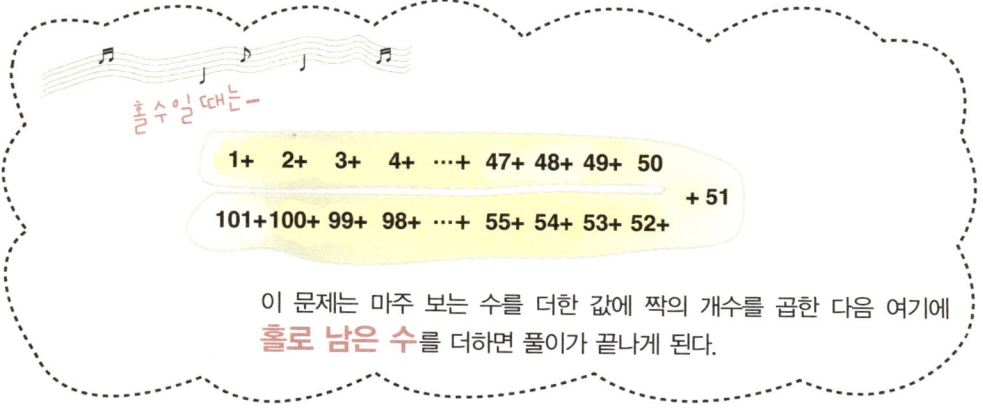

이 문제는 마주 보는 수를 더한 값에 짝의 개수를 곱한 다음 여기에 **홀로 남은 수**를 더하면 풀이가 끝나게 된다.

그럼, 위의 그림에서 마주 보는 수끼리 더하면 얼마가 될까? →

각각 102가 된다

이번에는 마주 보는 수가 몇 쌍인지 2가지로 알아 보자.

1) 그림을 보고 알아 보면

　　　　　1+101=102
　　　　　2+100=102
　　　　　3+99 =102
　　　　　4+98 =102
　　　　　5+97 =102
　　　　　　·
　　　　　　·
　　　　　47+55=102
　　　　　48+54=102
　　　　　49+53=102
　　　　　50+52=102

그림에서 마주 보는 수는 50 쌍

207

2) 계산을 통해서 알아 보면

앞 쪽의 그림처럼 반으로 접었을 때 마주 보는 짝은 몇 개일까?

끝 수를 2로 나누어 보자

101÷2=50…1
이걸 해석해 보자.
2로 나누었더니 몫이 50이고 나머지가 1이라는 건
몫이 50이니까 둘씩 짝이 50개이고 나머지가 1이므로 하나는 남는다는 뜻이다.

이제 아래의 식에 적용해 보자.

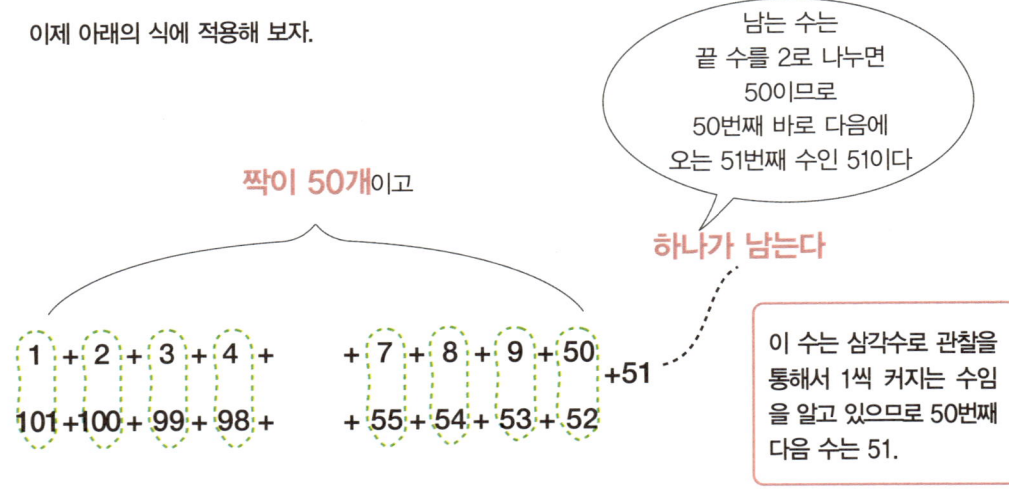

102가 50쌍 만들어졌고 나머지가 51이니까
102 × 50 = 5100
여기에다 남은 수 51을 더하면,
5100 + 51 = 5151

1+2+3+4+5+6+7+8+9+10+11+ …… +91+92+93+94+95+96+97+98+99+100+101
다시 말해서 1~101까지의 합은?
답 5151

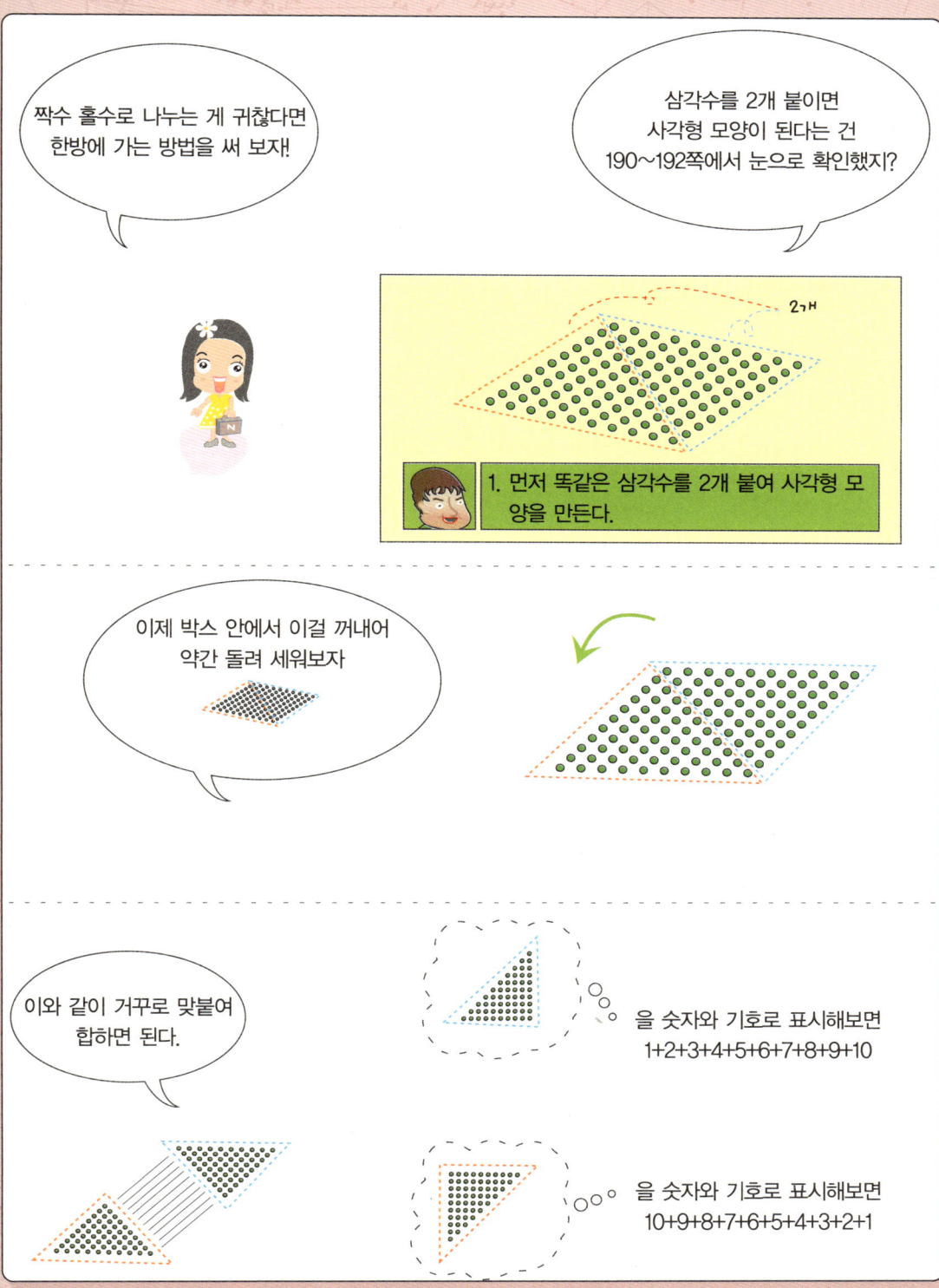

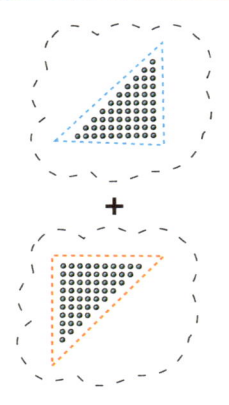

그래서 이 두 삼각수를 더하는 것은 이렇게 쓸 수 있다.

$$+\begin{array}{c} 1+2+3+4+5+6+7+8+9+10 \\ 10+9+8+7+6+5+4+3+2+1 \end{array}$$

이제 둘로 나누면 된다.

$$+\begin{array}{c} 1+2+3+4+5+6+7+8+9+10 \\ 10+9+8+7+6+5+4+3+2+1 \\ \hline 11+11+11+11+11+11+11+11+11+11 \end{array}$$

은 마주 보는 수의 합이 각 각 11이고
10개이므로 11 × 10=110

 → $\dfrac{110}{2} = 55$

답 55

이 방법은 삼각 수의 합을 구할 때
홀수 짝수 상관 없이 한 방에 답을 구할 수 있어서 편리하다

위의 방법은 고교 과정의 수열을 공부할 때 다시 사용된다.

초등 과정 5가

초등 학교 교과서에 나오는 삼각수

고교 과정

고등학교 과정에 나오는 삼각수

이제까지는 삼각수 개수의 계산 방법에 대해서 알아 보았는데, 그러면 삼각수란 무엇이며 언제 부터 인간의 생활에 스며 들었을까?

형상수

피타고라스 학파는 수를 배열하여 삼각형, 사각형 등 도형으로 나타내는데 관심이 많았고 이렇게 배열 된 수 중에서 배열 모양이 삼각형이나 사각형 등의 모양을 나타낼 때 이 수를 형상수라 하는데 형상수 가운데 가장 간단한 것은 삼각형 모양을 하고 있는 삼각수이고 정사각형 모양을 하고 있어서 수로 표시하면 제곱수로 나타나는 사각수, 그리고 오각수 육각수 등도 연구하였다.

피타고라스 학파는

특히 삼각수

대해 연구하고 그들 사이에 재미 있는 관계가 있다는 걸 알아 내었다. 즉, 바로 옆의 (서로 이웃하는) 삼각수 2개를 더하면 그 수는 틀림없이 사각수가 된다는 것이다.

아래에서 확인해 보자.

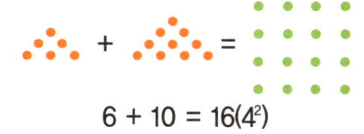

$1 + 3 = 4(2^2)$ $3 + 6 = 9(3^2)$ $6 + 10 = 16(4^2)$

211

피타고라스와 함께 떠나는 수학원리 대탐험
콩, 콩, 콩사마 수학스쿨

초판 인쇄 | 2007년 10월 15일
초판 발행 | 2007년 10월 22일

지은이 | 박소영
펴낸이 | 심만수
펴낸곳 | (주)살림출판사
출판등록 | 1989년 11월 1일 제9-210호

주소 | 413-756 경기도 파주시 교하읍 문발리 파주출판도시 522-2
전화 | 영업 031)955-1350 기획·편집 031)955-1367
팩스 | 031)955-1355
e-mail | salleem@chol.com
홈페이지 | http://www.sallimbooks.com

ISBN 978-89-552-0728-9 77410

잘못된 책은 구입한 서점에서 바꾸어 드립니다.
저자와의 협의에 의하여 인지는 생략합니다.

값 9,800원

살림어린이 는 살림출판사의 아동 전문 브랜드입니다.